本书得到了 2012 年国家社科基金青年项目"中国信贷周期及其宏观审慎监管研究"（12CJY109）和吉林大学哲学社会科学重点研究基地重大项目"'一带一路'战略实施中推进我国与沿线国家之间对外贸易研究"（2015XXJD12）的资助，特此感谢。

中国宏观审慎监管

工具评价与创新

MACRO-PRUDENTIAL SUPERVISION
IN CHINA

Effectiveness and Innovation of Tools

于震 著

社会科学文献出版社
SOCIAL SCIENCES ACADEMIC PRESS (CHINA)

摘　要

　　20 世纪 90 年代以来的数次金融危机尤其是次贷危机，无不显示出防范和化解金融系统性风险对于保障宏观经济稳定的重要性。在此背景下，建立和加强以宏观审慎为核心理念的监管体制成为当前世界主要经济体和国际金融组织进行金融监管改革的重点方向。中国较早开展了宏观审慎监管政策的实践，近年来，宏观审慎监管政策在宏观调控体系中的地位逐步提升。从 2009 年中国人民银行在货币政策执行报告中首次提出"要将宏观审慎管理制度纳入宏观调控政策框架"，到 2017 年党的十九大报告中明确要求"健全货币政策与宏观审慎政策'双支柱'调控框架"，宏观审慎监管政策已经上升到国民经济宏观调控的核心地位。

　　中国宏观审慎监管政策的框架已经基本形成，但对政策效果的评价和政策工具箱的进一步丰富刚刚开始。由于宏观审慎监管政策实施时间较短，基础数据缺乏，对其政策绩效的评价还处于探索阶段，但这项工作的重要性不容忽视。对政策效果的客观评价有助于判断短期内政策实施的时机恰当与否、工具选择合适与否、实施力度合理与否，在长期势必通过经验累积全面推动构建和完善宏观审慎监管框架，而目前相关的理论研究和经验支持鲜见。另外，由于宏观审慎监管工具缺乏相应的专有政策工具，因此其政策工具与货币政策工具交叠严重，不仅容易对货币政策工具的效果产生干扰，同时可能出现与货币政策期望效果相冲突的问题，需要对此展开深入讨论。此外，宏观审慎监管的工具箱还有进一步拓展的空间，借鉴其他国家宏观调控管理的经验，同时吸取其教训，结合中国国情探索新型宏观审慎监管工具同样具有重要的现实意义。

本书基于宏观审慎监管政策的制度内涵，围绕宏观审慎监管工具的执行主体选择、总体实施效果、代表性工具的实施效果、在中国的适用性及新型工具创新等几个方面开展了理论与实证研究，并提出了相关的政策建议。本书共分七章，主要观点如下。第一，尽管中央银行在各国宏观审慎监管实践中的政策地位不尽相同，但均扮演着重要角色，可以概括为决策者、主导者和参与者三种模式，且各具优缺点。结合中国国情来看，中国人民银行经历了中国金融体制改革和宏观调控演进的各个阶段，在此过程中积累了大量宏观经济和金融风险的调控经验，在信息收集、分类处理和金融基础设施方面相对于其他金融监管部门有着压倒性优势，适合充当宏观审慎监管政策的主导者。第二，日本基于逆周期的宏观审慎监管政策在抑制金融顺周期性和降低金融系统性风险过程中发挥了重要作用。日本宏观审慎监管的政策效果表明，宏观审慎监管无论在理论上还是实践中都具备有效抑制系统性金融风险、防止金融风险向实体经济传导的积极作用。中国正处在金融业高速发展和对外开放的关键时期，还面临金融监管滞后于金融自由化步伐、金融体系整体抵御风险能力偏弱等诸多问题。因此，在总体战略上，中国不仅应对宏观审慎给予充分重视，还要通过切实可行的金融改革推动其贯彻落实。应在借鉴国际成功经验的基础上，进一步构建中国特色的宏观审慎政策框架，包括建立健全相应管理机构，通过法律法规明确各管理机构职能和相互协调机制，以及不断完善科学化的管理手段与工具。第三，从已有数据分析来看，动态拨备在我国的初步运用取得了一定成效，切实弱化了原有拨备制度设计上的顺周期性，缓和了拨备的波动。但相对于这一领域的成熟经验，我国的动态拨备制度还存在以下亟待解决的问题，需要借鉴国际经验加以完善：一是合理设置拨备计提上限；二是规范自由裁量权；三是解决一般拨备计提的不对称性问题；四是完善非信贷相关领域一般拨备计提制度。第四，在逆周期资本缓冲工具选择上，以"信贷/GDP"为挂钩变量的模型适用于中国，但存在一些瑕疵，在备选指标"股票市值/GDP"、"房地产投资/GDP"、"汇率"、"M2/GDP"和"外汇储备/GDP"中，"M2/GDP"表现最好，基于受试者曲线的分析结果建议，中国应建立以"信贷/GDP"为主，以"M2/GDP"为辅的逆周期资本缓冲模型。第五，宏观审慎监管政策中以贷款价值比（LTV）为代表的杠杆率工具对于金融加速器机制带来的金融和经济波动放大效应有明显的抑制作用。第六，银行预期的周期变动在时间上领先于经济周期，是经济周期波动的重要驱动因素。银行预期形成具有前瞻性特征，使得银行预期指标与信贷周期指标相比，对经济周期的驱动作用更大。银行预期管理不仅应被列为宏观调控预期管理的重点内容，同时作为从根源上熨平信贷周期的有效手段，也是宏观审慎监管的理想政策工具。

目　录

图表目录

第一章
导　论

第一节　宏观审慎监管政策缘起

金融业对经济增长的贡献毋庸置疑，它的快速增长不仅可以直接增加社会总产出、优化资源配置，还可以为实体经济提供资金支持，从而间接促进经济增长。但金融体系也存在与生俱来的顺周期性，表现为在实体经济的繁荣时期，由于抵押资产升值，银行对未来经济前景盲目乐观，产生扩大信贷供给的冲动，最终推动经济向过热方向进一步扩张。而这一阶段发放的贷款极有可能在经济衰退阶段转化为不良贷款。与之相对应，在实体经济出现衰退迹象时，财务状况不佳的企业面临抵押物价值下降的局面，此时银行将采取提高贷款发放门槛等一系列"惜贷"措施来规避信贷风险，而信贷供给量的急剧萎缩进一步恶化实体经济。信贷市场与实体经济的上述动态反馈机制被称作"金融加速器"。[①] 通过"金融加速器"机

---

① Bernanke, B. S., Gertler, M., Gilchrist, S., "The Financial Accelerator and Flight to Quality", *Review of Economics and Statistics*, 78 (1), 1996, pp. 1 – 15.

制，信贷扩张与收缩的顺经济周期特性不仅增加了金融体系的系统性风险，而且加剧了宏观经济波动。[1] 2008 年由美国"次贷危机"所引发的全球性经济危机就是信贷顺周期性未能得到有效控制的结果。作为此次危机的导火索，美国短期利率提高，导致次级房屋信贷行业资金链条断裂，信贷违约现象激增，其后大规模信贷紧缩进一步加剧了房地产泡沫的破裂。危机发生后，世界各国为应对危机的负面影响，纷纷采取了诸如连续降息、加大注入资金等刺激经济的措施。与此同时，完善金融业监管体制与转变监管思路成为广泛共识。

金融监管主要分为审慎性监管和限制性监管，其中发挥核心作用的是审慎性监管。审慎性监管又分为微观和宏观两个层面。传统的金融监管注重微观层面，目的是降低单个金融机构的风险，保护金融消费者利益。微观审慎监管的逻辑是保证单个金融机构的安全以确保由其组成的整个金融体系安全，是一种自下而上的监管思维。而正是这种盯住单个金融机构的割裂式风险监管模式，使得只有站在系统层面才能发现的风险被视而不见，这就决定了传统微观审慎监管极易忽视金融机构与金融市场以及整个宏观经济之间的交互影响。美国联邦存款保险机构提供的数据显示，2006 年，99% 投保的美国金融结构满足或者超出了最高资本监管要求，美国却仍然成为爆发全球性金融危机的中心。[2] 这是因为微观审慎监管的逻辑存在严重的"合成谬误"。[3] 金融机构之

---

[1] 赵振全、于震、刘淼：《金融加速器效应在中国存在吗》，《经济研究》2007 年第 6 期，第 27~38 页；李麟、索彦峰：《经济波动、不良贷款与银行业系统性风险》，《国际金融研究》2009 年第 6 期，第 55~63 页。

[2] Federal Deposit Insurance Corporation, *FDIC Quarterly Banking Profile*, 2006, 2nd Quarter.

[3] Brunnermeier, M., Crocket, A., Persaud, A. D., Shin, H. S., "The Fundamental Principles of Financial Regulation", International Center for Monetary and Banking Studies, 11, 2009.

间的相互关联使得个体层面的稳健在宏观层面存在脆弱性。① 确
保各个机构稳定还可能由于过度保护而破坏市场效率与规则，微
观层面的不规则性金融问题会在"创造性破坏"机制下培育更加
充满活力的金融体系。② 微观审慎政策的另一个"合成谬误"是认
为对单一机构所采取的孤立性调控措施必定得到总体层面的期望效
果。③ 微观审慎监管的上述不足催生了宏观审慎监管的发展。

　　20 世纪 90 年代以来的数次金融危机尤其是次贷危机，无不
显示出防范和化解金融系统性风险对于保障宏观经济稳定的重要
性。在此背景下，建立和加强以宏观审慎为核心理念的监管体制
成为当前世界主要经济体和国际金融组织进行金融监管改革的重
点方向。国际组织是宏观审慎监管从理论到实践发展的重要推动
力量，而国际组织中首要的是巴塞尔委员会。众所周知，"宏观
审慎"（Macro-prudential）一词最早出现在 20 世纪 70 年代末库克
委员会（Cooke Committee）即巴塞尔银行监管委员会前身的一篇
报告讨论中。自此之后，巴塞尔委员会始终在全球金融监管改革
中扮演着"总设计师"的角色。从 1975 年提出第一个巴塞尔协
议开始，巴塞尔协议逐步建立了以最低资本要求、资本充足率监
管和信息披露要求为三大支柱，且以资本充足率监管为核心的银
行业监管框架。尤其是 2010 年 9 月各方达成一致的《巴塞尔协议
Ⅲ》顺应了全球金融创新过程中金融风险生成的新环境，不仅明
确了今后金融监管改革的方向是微观审慎监管与宏观审慎监管相

---

① Hellwig, M., "Liquidity Provision, Banking, and the Allocation of Interest Rate Risk", *European Economic Review*, 38 (7), 1994, pp. 1363 - 1389.

② Schinasi, M. G. J., "Safeguarding Financial Stability: Theory and Practice", International Monetary Fund, 2005.

③ Morris, S., Shin, H. S., "Financial Regulation in a System Context", *Brookings Papers on Economic Activity*, 2008 (2), 2008, pp. 229 - 274.

互融合的模式，而且利用更加严格的各国间一致性可量化监管标准，为世界各个国家及地区保障银行体系和实体经济稳健性、实现宏观审慎监管目标提供了一个完整的指导性蓝本。

次贷危机之后，为确保金融体系在全球范围内的长期稳定，G20 开始替代八国集团成为联合推动国际金融监管制度改革的领导者，其标志之一是 2008 年 11 月在华盛顿举行的首次 G20 领导人峰会上，正式将金融危机的产生机制和加强金融体系监管与改革设置成核心议题。在峰会宣言中，微观审慎监管向宏观审慎监管的理念转向基调基本确立。为促进各国监管政策和标准的统一以及各国监管机构的合作与资源共享，尤其是为了进一步将发展中经济体纳入其中，在 2009 年 4 月举行的伦敦峰会上，原有的金融稳定论坛（Financial Stability Forum，FSF）经过机构和职能的大幅调整形成了一个新的专门性国际组织——金融稳定委员会（Financial Stability Board，FSB），在主权国家之外，为评估金融系统性风险和推动全球金融监管改革提供了必要条件。与此同时，宏观审慎监管在伦敦峰会被明确纳入全球金融监管模式。

此外，国际货币基金组织（IMF）、国际清算银行（BIS）和世界银行在宏观审慎监管框架建立的各个环节，包括内涵和目标的论证、监测指标和工具的构建以及监管机构的确定等同样做出了巨大的贡献。尤其是 IMF，在 1997 年亚洲金融危机后始终关注宏观审慎监管领域的革新。利用自身强大的数据和技术优势，IMF 在宏观审慎指标体系的理论和实践中均建树颇丰，其提出的系统流动性风险指数、调整模型与压力测试方法成为监管机构客观评价金融部门的流动性风险、衡量金融机构系统性金融风险以及实施差别化审慎监管的重要工具。

表1-1　宏观审慎监管的理论发展脉络

年份	作者或组织	理论发展
1979	库克委员会	首次提出"宏观审慎"概念，但未明确界定
1986	欧洲货币理事会	公开文献中首次提出"宏观审慎"，并从维护整个金融体系稳定角度解释其内涵
1995	欧洲货币理事会	明确提出金融稳定是宏观审慎监管的目标
1995	BIS	提出宏观审慎政策是维护金融稳定的重要工具
1998	IMF	加强对银行的宏观审慎监管，并与宏观经济紧密联系
2000	Andrew Crockett	提出宏观审慎监管应以金融稳定为目标及运用宏观审慎政策可降低危机救助成本
2001	BIS	界定了宏观审慎监管的内涵
2003	Borio	初步构建了宏观审慎监管体系框架
2008	G20	确立了微观审慎监管向宏观审慎监管的金融监管改革路径
2009	G20	成立服务于加强宏观审慎监管的国际组织金融稳定委员会
2011	IMF（2011b）	提出了宏观审慎监管的机构安排模式，并且分析了各个模式的优劣

资料来源：Bernanke, B. S., "Financial Reform to Address Systemic Risk", Remarks at the Council on Foreign Relations, 2009; Clement, P., "The Term 'Macroprudential': Origins and Evolution", *BIS Quarterly Review*, 2010, pp. 59-67。

从表1-1宏观审慎监管理论的发展可以发现，宏观审慎监管研究已经从概念界定、目标和工具分析发展到整个政策框架和体系研究，呈现理论和实践层面齐头并进的趋势。

在国家层面，美国作为次贷危机的发源地，在危机后经历了20世纪大萧条以来力度最大的金融监管制度变革，是当之无愧的宏观审慎监管实践者，对其他国家和地区产生了积极的示范效应和深远影响。其中，改革的标志性成果是长达2300页，包括16

个部分的《多德－弗兰克法案》在美国参、众两院全面通过。①
该法案以 2009 年 3 月奥巴马发布的《金融监管改革框架》的内
容为基础，充分修补了危机发生过程中暴露的金融监管漏洞，从
以往微观审慎针对个体金融机构风险进行重点监管的局限中脱离
出来，以系统性金融风险为控制对象，通过机构调整和职能重
构，确立了以金融稳定监管委员会（FSOC）和联邦存款保险公
司（FDIC）为监管和施救主体的两条系统性金融风险防范与化解
防线，不仅实现了对系统性金融风险的衡量、监测和预警，同时
提供了对系统重要机构倒闭救助的解决预案，是有效识别系统性
金融风险，以及降低其对金融体系和实体经济的冲击程度，从而
保护纳税人和消费者利益，维护金融稳定的"模版型"改革实
践。该法案的主体内容包括：第一，为监管系统性金融风险而成
立 FSOC 等专门监管机构；第二，为监管系统重要性金融机构而
扩大美联储的监管范围；第三，为加强对消费者和投资者的保护
而设立消费者金融保护局等专门机构；第四，为限制银行的自营
交易而实施"沃尔克规则"；第五，加强对金融衍生品市场过度
投机的监管，建立资产证券化的风险共担机制。②

　　英国的全球金融市场一体化程度较高，是次贷危机中除美国
以外受到影响最严重的国家。危机爆发后，英国五大抵押贷款银
行之一的北岩银行迅速陷入挤兑危机，因此激励英国迈开了危机
后向宏观审慎监管模式过渡的金融监管改革步伐。与美国"立法
推动型"的金融监管改革有所不同，英国金融监管改革主要立足

---

① 《多德－弗兰克法案》全称为《多德－弗兰克华尔街改革与消费者保护法》，名称取
　自众议院金融服务委员会主席 Barney Frank 和参议院银行委员会主席 Chris Dodd 两人
　的名字。

② 周怡：《国际金融热词解读：美国多德－弗兰克法案》，《人民日报》，2013 年 4 月
　24 日。

于监管主体调整这一主线，可以概括为"监管主体创新型"。这是因为英国的金融监管体系尤其是机构设置在危机中暴露出明显缺陷。实际上从 20 世纪 70 年代开始，英国金融监管体系经过了多轮改革。20 世纪 90 年代在混业经营和分业监管模式搭配的背景下，监管过程中出现部门间协调性差、监管重叠和监管真空等一系列问题，在此背景下最终发生了轰动一时的巴林银行倒闭事件，形成了对综合统一的混业监管模型的改革需求。英国于 1997 年提出并于 2000 年通过的《金融市场与服务法案》确立金融服务局（FSA）是一个全新的金融监管机构，作为微观审慎监管主体开始对银行、证券和保险业实行全面监管。与此同时，由 FSA、英格兰银行及财政部三部门联合组成不具备法定权利的金融稳定委员会，服务于混业监管格局下的金融稳定目标。

然而，该模式大大削弱了中央银行的监管职能，在金融自由化和金融扩张趋势下，存在监管主导权不明确、协调效率低下和监管空白等不足，形成了金融危机发生的隐患。危机后，英国于 2009 年通过《银行法案》和《金融市场改革》两部法案，再次将英格兰银行推到了维护金融稳定的核心位置。2011 年进一步发布《金融改革新办法：改革蓝图》白皮书，拆分了 FSA，取而代之的是在英格兰银行下成立金融政策委员会（FPC），负责宏观审慎监管，同时设立审慎监管局（PRA）和金融行为监管局（FCA），分别负责监管金融结构和保护消费者利益。英国这种以中央银行作为宏观审慎监管主体，从宏观和逆周期的角度运用审慎政策工具有效防范和化解系统性金融风险，以达到宏观审慎监管目标的模式被称为"双峰"模式，也是健全性宏观审慎政策框架的标杆。此外，欧盟、德国和日本等国家及地区也顺应全球金融改革趋势，或早或晚地开始了金融监管体系的改革，宏观审慎政策已经成为当前全球范围内金融监管和宏观调控框架改革的重心。[1]

第二节　宏观审慎监管政策内涵

宏观审慎监管是指从宏观与逆周期角度采取相应措施，防范由金融体系顺周期波动和跨部门传染导致的系统性风险，维护货币与金融体系稳定，避免金融体系风险冲击实体经济。[2] 可见，宏观审慎监管政策的核心职能是分析与评估整个金融系统性风险状况，并通过建立、实施和完善相关政策工具来控制金融系统性风险，其特点是逆经济周期。宏观审慎监管目标中的"金融稳定"（financial stability）定义为：

> 由金融中介、市场和市场基础设施组成的金融体系能够经受住冲击和金融失衡的影响，在发生严重金融扰动时，可以正常发挥金融媒介作用，降低储蓄无法配置到可盈利投资机会的可能性。[3]

众所周知，货币政策在一定程度上具有维护金融体系稳定的职责，是否可以替代宏观审慎监管政策？答案显然是否定的，且不提本轮危机中货币政策对实现金融体系稳定的力不从心，单就

---

① 陈雨露：《国际金融危机以来经济理论界的学术反思与研究进展》，《国际金融研究》2017 年第 1 期，第 16～19 页。

② Bank for International Settlements，"71st Annual Report"，BIS，2001.

③ European Central Bank（ECB），"Financial Stability"，*Financial Stability Review*，2015，p. 4.

货币政策的核心目标而言，其要实现金融稳定目标存在天然的障碍。[①] 首先，货币政策的目标使其在特定情况下不得不在宏观经济稳定和金融稳定之间进行权衡；其次，货币政策如果追求金融稳定则会削弱中央银行以通货膨胀及其预期为调控目标的可靠性；最后，货币政策的不确定性和滞后效应使其无法确保对金融体系风险的调控效果。[②]

那么，危机前金融监管当局主要依赖的微观审慎监管模式为什么没能有效防范金融体系风险的爆发呢？为了更好地理解宏观审慎监管政策的内涵，有必要明晰与之相对应的微观审慎监管政策的缺陷和不足，而这需要将微观审慎监管的特征与宏观审慎监管进行全面的对比分析（见表1-2）。

表1-2 微观审慎监管与宏观审慎监管的模式比较

	宏观审慎监管	微观审慎监管
监管对象	整个金融体系	金融机构个体
监管目标	防范和化解系统性风险，维护金融稳定	保护投资者合法权益
风险特征	内生性	外生性
系统重要程度	重要	不重要
监管方式	自上而下	自下而上
机构设置	综合监管	分业监管

资料来源：Borio，Claudio.，"Towards a Macroprudential Framework for Financial Supervision and Regulation?"，*CESifo Economic Studies*，49（2），2003，pp. 181-215。

首先，从监管对象和目标来看，结合前文，宏观审慎监管模式主要以降低财务困境的经济成本为目标，重点落在金融体系或

[①] 对于货币政策与宏观审慎监管政策更为详细的辩证关系，将在后文进一步阐述。

[②] Williams，J. C.，"Macroprudential Policy in a Microprudential World"，*FRBSF Economic Letter*，18，2015.

其主体部分的财务困境防范上，也就是关注于抑制所谓的"系统性风险"（systemic risk）。而系统性风险也是各国中央银行和政策制定当局评价金融稳定的重要指标。实际上，系统性金融风险的定义可以追溯到20世纪90年代。早期的定义主要强调银行部门与其关联金融机构的信任和信息传播发生实质性中断。具体来说，往往是指在突然和非预期性事件的冲击下，银行部门或金融体系发生大规模信任崩塌，且伴随着较大的实体经济负面效应。[①]随着相关研究的推进，个别金融机构金融困境和损失向其他机构的传递（传染）也被逐步吸纳到系统性风险的含义中。因此，系统性危机可视为金融机构由于金融事件而相互传染，最终导致大面积违约的现象。[②]

系统性风险通常分为周期性风险和结构性风险。周期性风险侧重于随时间推移而形成的风险。例如，与信贷扩张和资产价格泡沫同时出现的是对实体经济部门负向冲击的激增；周期性风险来自金融机构、企业和家庭在金融和信贷周期的繁荣阶段承担过多风险，然后在萧条阶段变得过度规避风险的趋势。周期性风险强调系统性风险来源于经济与金融扩张阶段，这一阶段往往伴随着金融创新、信贷增长、过度乐观和资产低估等经济现象或行为。当房地产和证券价格泡沫破裂后，往往会导致金融资产出售、价格下跌和信贷紧缩，爆发金融危机，进一步波及实体经济。

而结构性风险则侧重于讨论风险集中以及金融体系不同部分

---

① Bartholomew, P. F., Whalen, G., "Fundamentals of Systemic Risk", *Research in Financial Services: Banking, Financial Markets, and Systemic Risk*, 7, 1995, pp. 3 – 18.

② Viral V. Acharya, "A Theory of Systemic Risk and Design of Prudential Bank Regulation", *Journal of Financial Stability*, 5 (3), 2009, pp. 224 – 255.

的相互关联性如何导致系统性风险。结构性风险指的是金融体系总风险在某一时刻的分布或集中。金融机构往往通过与交易对手的风险敞口紧密相连，从而在整个金融体系中形成直接和间接的联系。不利的总体冲击可能通过金融机构、市场和产品的溢出、传染、道德风险、不透明性和复杂性而放大。如果金融体系中绝大部分职能通过少数几个密切相关的机构实现，而这几个机构不仅暴露在相同风险之下，而且依赖于相同的融资渠道，则会显著增加金融体系的系统性风险。

以上所述的两维度风险衍生出宏观审慎监管工具的两大类别，而对系统性金融风险的理解和监管目标也使得宏观审慎监管的对象必然是整个金融体系。与宏观审慎监管不同，微观审慎监管以降低单个金融机构的损失为目标，而对进一步的实体经济影响并不重视。换句话说，微观审慎监管关注于抑制异质性风险。基于此，微观审慎监管的最终目标是保护由投资者和存款者构成的金融机构债权人。

其次，从风险特征来看，微观审慎监管模式认为金融风险主要来自金融市场，而不是取决于单一金融机构的决策，金融资产价格的变动具有外生性。与之不同，宏观审慎监管认为整体风险来自金融机构的集体行为，具有内生性特征。事实上，金融风险的内生性特征在早期明斯基和金德尔伯格的金融不稳定理论体系下已有论述。[①] 从这个角度来看，金融不稳定性并非来自相互传染，而来自随时间推移的系统风险演化。根据这个观点，风险源于金融体系与实体经济相互作用，导致在繁荣期过度扩张，随后

---

① Minsky, H. P., "Can 'It' Happen Again?", *Essays on Instability and Finance*, (London: Routledge, 2016), p. 61.

则面临低迷和金融压力，具有内生性特征。

上述理论机制在本轮危机中得到了充分验证。美联储在危机前所执行的宽松货币环境，推动了实体经济和金融体系之间的双向正反馈激励，加剧了经济过热和资产价格的全面泡沫化，推动了系统性金融风险的累积和爆发。2000 年后的长期低利率放大了"居者有其屋"住房政策的作用，而资产证券化等金融衍生工具的创新起到了"助纣为虐"的作用，房地产投资者利用松动的贷款标准推高了房价，而次级抵押贷款等又借助证券化提供了充足的流动性。

美联储于 2000 年开始实行低利率货币政策以刺激经济，货币供给长期保持宽松状态。与此同时，住房抵押贷款标准不断放松，金融机构大量发放贷款。低利率、对房价上涨的预期和不断放宽的放贷标准，促使投机者和低收入者大量贷款购买房地产，推动房地产泡沫持续增长，而结构化金融产品的泛滥进一步加剧了房地产市场的泡沫。广泛的信贷扩张和对资产价格的过度乐观造成了经济繁荣阶段的贪婪，高杠杆率就是典型体现。[①] 就像花旗集团前首席执行官查克·普林斯（Chuck Prince）在 2007 年所描述的那样："当音乐停止时，就流动性而言，事情会变得复杂。但只要音乐在播放，你就必须起床跳舞，我们现在仍在跳舞。"在 2000～2007 年期间，美国各大银行的杠杆率都明显提升，花旗银行更是从早期的 18 倍猛增到 25 倍。而正是金融机构同时提高杠杆率，才导致金融失衡和潜在风险的广泛累积，从而埋下金融危机的隐患。

---

① Schularick, Moritz, Taylor, A. M., "Credit Booms Gone Bust: Monetary Policy, Leverage Cycles, and Financial Crises, 1870 – 2008", *American Economic Review*, 102（2）, pp. 1029 – 1061.

再次，从对系统重要性金融机构（systemically important finan-
cial institution）监管的角度来看，宏观审慎监管理念充分吸取本
轮经济危机的教训，针对系统重要性金融机构会施加高于普通金
融机构的附加资本要求和杠杆率监管。所谓系统重要性金融机
构，各国的认定标准存在一定差异。在中国，系统重要性金融机
构是指因规模较大、结构和业务复杂度较高、与其他金融机构关
联性较强，在金融体系中提供难以替代的关键服务，一旦发生重
大风险事件而无法持续经营，将对金融体系和实体经济产生重大
不利影响、可能引发系统性风险的金融机构。① 美国次贷危机中
以雷曼兄弟、贝尔斯登、房地美和房利美等为代表的系统重要性
金融机构在监管放松的环境下，大幅提升杠杆比率，而且资产端
的同质性高度关联，风险高度集中，负债端又严重依赖同业和商
业票据市场的短期融资，结果在危机爆发后形成了"大而不倒"
的两难境地。因此，在金融监管改革中，宏观审慎监管加入了对
微观市场主体风险状况的监测，尤其是对一些具有系统重要性的
金融机构，形成了全面的风险管理体系，以防范个体金融机构风
险演化为系统性金融风险。相比之下，微观审慎监管对个体金融
机构没有特别的针对性差异，这也是其明显的不足之处。

最后，从监管方式和机构设置上看，宏观审慎监管采用的是
自上而下的方式，更适用于统一监管和综合监管，而微观审慎监
管则采用自下而上的方式，通常采用分业监管。对于两者监管方
式的区别可以从两者对待风险的理解差异进行解读。如果用证券
投资组合进行类比，微观审慎监管和宏观审慎监管方式的差异如

---

① 见 2018 年 11 月 27 日中国人民银行、银保监会、证监会联合发布的《关于完善系统
重要性金融机构监管的指导意见》。

同投资于单个证券和投资于证券组合之间的差异，而金融体系可视为证券组合，金融体系内的各个金融机构可视为证券组合所包含的各个证券。宏观审慎监管方式体现了对证券组合整体损失的关注，而不是对每个组合中的证券损失都给予同等和单独的关注。这相当于事先设定了一个可接受的基准整体投资组合的尾部损失，然后以此为基础测度各个证券对投资组合风险的边际贡献。换句话说，宏观审慎方法着眼于投资组合整体的风险状况，而不是每种证券各自的风险，因此符合自上而下的监管逻辑；相对而言，微观审慎监管方式相当于对每种证券的风险设置了审慎控制，而在很大程度上忽视整体投资组合及证券之间的相关性，从关注角度来看，符合自下而上的监管逻辑，因此通常采用分业监管模式。[①]

第三节 宏观审慎监管工具概述

宏观审慎监管工具与其抑制系统性金融风险的目标密不可分，且根据系统性金融风险的类型可以划分为两大类——时间维度和空间维度，分别对应周期性和结构性金融风险（见表1-3）。[②]

[①] Ekpu, V., "Microprudential vs. Macroprudential Approaches to Regulation and Supervision", Lecture Presented at a Regional Course on Advanced Banking Supervision and Financial Stability for Members of the College of Supervisors of the West African Monetary Zone, 2016.

[②] 除按照系统性风险的类型划分工具之外，还有按照经济周期各阶段来划分的方式，如 Claessens, Stijn, Ghosh, Swati, Mihet, Roxana, "Macro-Prudential Policies to Mitigate Financial System Vulnerabilities", *Journal of International Money and Finance*, 39, 2013, pp. 153 – 185。

表 1－3 宏观审慎监管工具分类

分类		所属金融机构性质				
		银行类金融机构		非银行类金融机构	证券市场	金融基础设置
		资产负债表工具	贷款协议工具		保证金/扣款限额	
周期性风险：时间维度风险	杠杆率	－资本比率 －风险加权资本上限 －动态拨备 －信贷增长边际上限 －逆周期资本缓冲	－贷款抵押值比率上限 －偿债收入比率上限 －期限上限			
结构性风险：空间维度工具	流动性风险	－流动性和准备金要求 －外汇贷款限制 －货币期限错配限制 －外汇敞口限制	－估值规则	－本外币准备金要求	－中央银行资产负债表操作	－通过交易所交易
	关联性	－集中度限制 －对系统重要性机构提高资本要求 －系统重要性税				－中央对手方

资料来源：巴塞尔银行监管委员会（http：//www.bis.org/bcbs/）；International Monetary Fund，"Macroprudential Policy：An Organizing Framework"，Prepared by the Monetary and Capital Markets Department in Consultation with Research and Other Departments，2011。

周期维度工具的主体思想是逆周期资本缓冲（countercyclical capital buffer，CCB），目标是缓解金融体系的顺周期特征。所谓"顺周期性"（procyclicality）是指在时间维度上金融体系与实体经济的动态彼此加强，繁荣与萧条所致的波动幅度被放大，破坏了金融部门和实体经济稳定性的事实。[①] 2010 年，《巴塞尔协议Ⅲ》首次提出了两项新的逆周期政策工具，强制性要求银行在经

---

① Bank for International Settlements，"79th Annual Report"，BIS，2009.

济上升期留存部分资本以弥补经济低迷时期的不足，平缓周期波动，提高银行的抗风险能力。同一年，巴塞尔委员会还颁布了《各国监管当局实施逆周期资本缓冲指引》，就逆周期资本缓冲机制的计提、释放和挂钩变量的选择给予指导性意见，为各国构建本国的逆周期资本缓冲模型提供参考。这一工具的逆周期监管特征体现在，资本要求随着金融机构贷款额的增加而增加，导致金融机构为了满足资本监管规定，需要在削减贷款者过度贷款要求或收取更高的贷款利率之间做出权衡。研究证明，逆周期资本缓冲工具的运用不仅可以在经济低迷时期提供流动性从而避免信贷紧缩，同时可用以降低信贷扩展的程度。[①]

另外一项以抑制金融机构逆周期性为主要目的的宏观审慎监管工具就是动态拨备（dynamic loan-loss provisioning，DP），也称为前瞻性损失拨备，是指根据经济周期环境对银行贷款违约的拨备进行动态调整，即在经济繁荣阶段增加拨备额，以备可能损失或经济衰退时使用，而在经济衰退阶段减少拨备额，以期降低经济恶化程度。此外，在经济衰退期间降低拨备规模也可以防止资产负债表疲软而削弱投资者对银行稳定性的信心。2000 年西班牙在世界各国中率先实践逆周期拨备制度，运用动态拨备期间西班牙银行体系的贷款增长明显放缓。[②] 然而，近年来理论上对动态拨备的效果存在一定的分歧。有观点认为，逆周期的动态拨备虽然可以抑制信贷供给波动，在经济衰退期支撑企业融资及其业绩。但也有证据表明如果在经济繁荣期增加拨备规模会导致银行

---

① Tirole, J., "Systemic Risk Regulation", Barcelona Graduate School of Economics Lecture, 2011.

② 见 de Lis, S. F., Garcia-Herrero, A., "Dynamic Provisioning: A Buffer Rather than a Countercyclical Tool?", *Economia*, 13 (2), 2013, pp. 35 – 60。该文认为虽然无法排除监管新规对信贷周期的影响，但还是肯定了动态拨备对信贷规模变化的熨平作用。

的风险增加。[1] 同时，动态拨备也是一把"双刃剑"，拨备率的合理程度也是备受争议的话题，需要在降低系统性金融风险和遏制经济增长趋势的两难中进行权衡。

另外，周期维度工具中还有两个抑制信贷过度增长的重要上限指标：贷款价值比（loan-to-value，LTV）上限及其替代指标，偿债收入比率（debt service-to-income，DTI）上限。其中，LTV 上限在实践中的运用更为普遍，该工具限制了可以通过银行贷款融资的资产价值的百分比，确保了抵押品价值的充分缓冲。20 世纪 90 年代初中国香港首先推出 LTV 上限工具以期抑制房地产行业泡沫化，并在经济周期交叠过程中起到了降低系统性风险的效果。[2] 然而，LTV 上限工具在单一经济体的政策效果评价并不一致。比如，基于加拿大银行数据的研究表明，当 LTV 比率上限下降 1 个百分点时，抵押贷款的年增长率将会减少 0.25 ~ 0.5 个百分点。[3] 而日本商业贷款数据却表明，单纯使用 LTV 上限对遏抑贷款规模增长无效。[4] 当前，LTV 作为宏观审慎监管的政策工具，在全世界范围内得到了高度重视，采用该工具进行宏观审慎监管的国家数量得到了相当大的增长。跨国家的实证研究表明，在众多宏观审慎

---

① Jiménez, G., Ongena, S., Peydró, J. L., Saurina, J., "Macroprudential Policy, Countercyclical Bank Capital Buffers and Credit Supply: Evidence from the Spanish Dynamic Provisioning Experiments", *Journal of Political Economy*, 125 (6), 2017, pp. 2126 - 2177.

② Wong, T. C., Fong, T., Li, K. F., Choi, H., "Loan-to-value Ratio as a Macroprudential Tool-Hong Kong's Experience and Cross-country Evidence", *Systemic Risk*, *Basel III*, *Financial Stability and Regulation*, 2011.

③ Krznar, I., Morsink, J., "With Great Power Comes Great Responsibility: Macroprudential Tools at Work in Canada", *IMF Working Paper*, 14/83, 2014.

④ Ono, A., Uchida, H., Udell, G. F., Uesugi, I., "Lending Pro-cyclicality and Macroprudential Policy: Evidence from Japanese LTV Ratios", *HIT-REFINED Working Paper*, 41, 2013.

监管工具中，LTV 上限工具对抑制房地产的过度扩张最有效。而且，对于降低价格冲击和遏抑资产价格与信贷间的联动性也有显著作用。[1]

结构维度工具主要关注个体金融机构对整体金融体系风险的贡献，即风险的分布。例如，《巴塞尔协议Ⅲ》提出两个重要工具——流动性覆盖率（liquidity coverage ratio，LCR）和净稳定资金比率（net stable funding ratio，NSFR），目的是加强对短期流动性风险和长期融资风险的监管。其中，LCR 定义为银行优质资产的总额除以 30 日内的净现金流出。可见，LCR 的水平越高，银行对短期流动性冲击的弹性就越大。NSFR 定义为可用稳定资金除以所需稳定资金的比率。有研究表明，运用 LCR 和 NSFR 工具可以通过改变银行动机来降低银行挤兑的概率。实施 LCR 可以鼓励银行用短期流动性资产替代长期非流动性资产，从而防止出现银行挤兑；而 NFSR 工具则可以通过鼓励银行使用长期存款为流动资产融资，改变银行使用挤兑性存款的倾向。[2] 作为 LCR 和 NSFR 的补充，宏观审慎稳定税（macroprudential stability levy）、核心融资比率（core funding ratio）和边际准备金要求等工具通过限制银行在为其信贷增长融资过程中使用批发型资金，从而引导其更加依赖于活动性较差的零售型资金，直接影响信贷增长和金融体系稳定性，可以由各经济体的监管部门自行选择实施。

此外，结构维度工具还包含应对金融系统中相互关联和传染

---

① Cerutti, E., Dagher, J., Dell'Ariccia, G., "Housing Finance and Real-estate Booms: A Cross-country Perspective", International Monetary Fund, 2015.

② Diamond, D. W., Kashyap, A. K., "Liquidity Requirements, Liquidity Choice and Financial Stability", *National Bureau of Economic Research Working Paper*, 2, 2016, pp. 2263 – 2303.

的结构性风险，包括对大型和系统性重要公司收取更高的资本费用，以及限制金融系统内大型风险敞口的工具，还可以通过调整支付和结算系统等金融基础设施来降低金融系统内信用风险的累积。[①] 在次贷危机后，学术界和实务界形成了共同认知，银行之间尤其是场外衍生品市场之间的相互联系会引发系统性风险。而纠偏的思路之一是通过设立中央交易对手为交易进行担保，从而取代了以往交易者间直接签订合约。随之而来的是场外交易的清算所模式，不仅减少了对抵押品的总体要求，而且可以限制金融网络内的风险敞口。与此同时，为避免重复微观审慎监管政策的错误，清算所还根据清算所成员对系统风险的贡献为其设定保证金。

发达经济体和发展中经济体在宏观审慎监管工具的使用上体现出一定的倾向性差异。发达经济体更青睐于负债端工具，这显然与发达经济体次贷危机前后的金融风险特征直接相关。回顾本轮金融危机中遭受重大损失的机构，如贝尔斯登、"两房"和美国国际集团等，危机前的普遍特点是一方面杠杆率上升过快，居于高点，抵御风险能力不足，另一方面是流动性风险集中，不仅金融产品同质化严重，风险关联度强，而且过度依赖回购和商业票据等短期融资市场。而危机后，上述重要金融机构又面临"大而不倒"的困境。因此，发达经济体在向宏观审慎监管过渡中对资本充足率工具的运用较为重视。与此同时，流动性要求和杠杆比率上限在发达经济体的宏观审慎监管框架下越发重要。

相比之下，新兴经济体和发展中经济体更加青睐于资产端工

---

① Arregui, N., Beneš, J., Krznar, I., Mitra, S., "Evaluating the Net Benefits of Macro-prudential Policy: A Cookbook", *IMF Working Paper*, 13/167, 2013.

具。当然，这与发展中经济体普遍金融市场不发达、社会融资大多来自银行信贷直接相关。资产端工具可以通过降低不良贷款规模和潜在不良贷款造成的损失改善银行资产结构，抑制金融危机的爆发。金融监管机构可以使用资产端宏观审慎工具，包括 LTV、DTI、特定行业的信贷风险限额和贷款增长限制等，抑制银行在繁荣时期过度放贷，从而避免经济衰退期的潜在损失。

　　表 1-4 总结了全球 6 个区域 106 个经济体分别在 2000 年和 2013 年使用宏观审慎监管工具的情况。数据显示，考察期内宏观审慎监管工具在全球范围内的使用均呈现上升趋势，其中 4 个样本区域内所有国家至少使用了表中所列的一种监管工具，且符合上述分析中发展中经济体和发达经济体的特征差异。其中，65% 的国家使用了集中度限制，是使用最为广泛的工具，银行同业敞口限制（30%）和 LTV 上限（29%）分列其后。

表 1-4　宏观审慎监管工具在世界各区域经济体使用情况一览

单位：%

区域	东亚/南亚		西亚/中亚		东欧/中欧		拉丁美洲		非洲/中东		发达国家	
经济体数量	18		7		21		15		26		19	
年份	2000	2013	2000	2013	2000	2013	2000	2013	2000	2013	2000	2013
至少使用了一种工具	83	100	71	100	52	100	73	100	69	85	47	89
LTV 上限	22	61	0	14	5	33	13	20	0	12	5	32
DTI 上限	6	33	0	14	0	24	13	20	4	23	0	16
CCB	0	11	0	14	0	0	0	0	0	0	0	11
杠杆率上限	0	11	0	29	0	10	13	33	12	23	11	16
DP	6	17	14	43	0	5	0	27	4	8	5	5
国内外汇贷款限制	11	22	0	0	0	10	20	20	8	15	0	0

续表

区域	东亚/南亚		西亚/中亚		东欧/中欧		拉丁美洲		非洲/中东		发达国家	
准备金比率要求	17	17	43	86	14	19	13	27	15	15	0	0
集中度限制	67	78	43	71	29	48	60	93	50	65	37	47
金融机构税	6	33	0	0	0	19	27	40	4	4	5	37
重要金融机构资本附加税	0	17	0	14	0	0	0	7	0	4	0	5
银行同业敞口限制	11	17	14	29	5	19	47	53	8	27	26	42
外汇贷款限制	6	17	0	14	5	29	13	27	8	15	0	5

资料来源：Morgan, P. J., José Regis, Paulo, Salike, N., "LTV Policy as a Macroprudential Tool and its Effects on Residential Mortgage Loans", *Journal of Financial Intermediation*, 37, 2019, pp. 89 – 103。

　　鉴于宏观审慎监管政策整体是在 2008 年次贷危机之后推进的，其实施的国家和地区、工具种类等有一个循序渐进的过程，这制约了数据和样本的可得性，也成为宏观审慎监管工具有效性评价的天然障碍。另外，对宏观审慎监管政策和货币政策的交叠效应及其协调性仍无定论。因此，评价宏观审慎监管工具的难度进一步加大。即便如此，相关文献近年来仍不断涌现。其中，一类文献有着鲜明的特点，即利用国际货币基金组织的调查数据进行跨国家研究。例如，Lim 等利用 49 个国家 10 年的面板数据发现，最被广泛使用的 LTV、DTI、贷款增长上限、准备金要求和动态拨备等工具可以通过降低信贷增长与 GDP 增长之间的相关性有效遏制信贷与杠杆的顺周期性，进而防范金融危机的发生。[1] Claessens 等考察了 2000 ～ 2010 年 48 个银行资产负债表变动对特定宏观审慎监管工具的反

---

[1] Lim, C. H., Costa, A., Columba, F., "Macroprudential Policy: What Instruments and How to Use them? Lessons from Country Experiences", *IMF Working Papers*, 2011, pp. 1 – 85.

应，发现面向借款者的工具，如 LTV 上限、DTI 上限、信贷增长和外汇借款限制，对抑制银行杠杆增长有效，而逆周期资本缓冲也有助于减缓银行资产的扩张，但在经济下滑期间这些工具阻止各项指标下降的效果有限。[①] Cerutti 等实证检验了包括 LTV 上限在内的 12 种宏观审慎监管工具，结果显示这些工具有助于对金融周期的宏观管理，但对阻止衰退作用有限。研究还发现对于新兴经济体如果宏观审慎采用外汇相关变量衡量，可以证实宏观审慎监管有效降低了信贷增长率，进而对房地产价格增长产生了显著抑制作用。[②]

另一类文献则专注于个别国家和地区的宏观审慎监管工具有效性。例如，Igan 和 Kang 研究表明，LTV 和 DTI 上限工具对平抑韩国抵押贷款增长有效。[③] Dassatti Camors 和 Peydro 利用银行 – 企业匹配的数据考察了幅度较大的未预期存款准备金率增长对乌拉圭信贷周期的影响，结果表明，一方面信贷整体规模下降，另一方面风险偏好型企业得到了更多贷款，且相比之下大型银行和系统性重要银行受到的影响较小。[④] Sinclair 等以中国为研究背景，检验了利率、LTV 和法定准备金的有效性，结论表明将法定存款率和 LTV 结合是实现价格和金融两者稳定的最优方法。[⑤] 王爱俭

---

① Claessens, S., Ghosh, S. R., Mihet, R., "Macroprudential Policies to Mitigate Financial System Vulnerabilities", *Journal of International Money and Finance*, 39, 2013, pp. 153 – 185.

② Cerutti, E., Claessens, S., Laeven, M. L., "The Use and Effectiveness of Macroprudential Policies: New Evidence", *Journal Financial Stability*, 28, 2017, pp. 203 – 224.

③ Igan, D., Kang, H., "Do Loan-to-Value and Debt-to-Income Limits Work? Evidence from Korea", *International Monetary Fund Working Papers*, 2011, pp. 1 – 34.

④ Camors, C. D., Peydro, J. L., "Macroprudential and Monetary Policy: Loan-Level Evidence from Reserve Requirements", Universitat Pompeu Fabra, Spain mimeo, 2014.

⑤ Sinclair, P., Sun, L., "A DSGE Model for China's Monetary and Macroprudential Policies", *MPRA Paper*, 62580, 2014.

等研究表明，在选定的宏观审慎监管政策工具中，逆周期资本工具对维持金融稳定有重要作用，且当市场遇到外生冲击时，宏观审慎政策对货币政策的辅助作用尤其明显。①

目前，宏观审慎监管工具有效性检验的实证方法主要分为两类。第一类方法基于传统经济计量模型，即首先列出所假设的线性或非线性模型，利用截面数据、时间序列或面板数据对其参数进行校准。例如，Carreras 等基于 19 个 OECD 国家的数据对比了协整和非协整框架下包括 LTV 和 DTI 上限在内的几种典型宏观审慎监管工具对于抑制房地产价格和房地产信贷增长的有效性。② Tillmann 基于 VAR 模型，利用韩国数据考察了改变 LTV 上限的效用，结果表明宏观审慎监管政策收紧可以引发信贷增长，并降低房地产价格增速。③ 但传统经济计量模型在政策分析上还存在诸多争议。如 Lucas 批判认为，以凯恩斯主义为基础的经济计量模型采用回归分析来比较可供选择的政策措施，且模型参数在分析过程中保持不变。但实际上政策制度的变化会改变个人对政策的反应方式，使得基础参数发生变化，反过来又改变政策制度的参数。因此，传统经济计量模型用于预测未来的经济政策变化及影响并不可靠。总之，传统经济计量模型仅相对简单地描述了经济市场的运行规律，在处理更为复杂的影响因素和影响关系时缺乏微观基础支撑。鉴于第一类方法的缺陷，第二类方法主要采用动

---

① 王爱俭、王璟怡：《宏观审慎政策效应及其与货币政策关系研究》，《经济研究》2014年第 4 期，第 17~31 页。

② Carreras, O., Davis, E. P., Piggott, R., "Assessing Macroprudential Tools in OECD Countries Within a Cointegration Framework", *Journal of Financial Stability*, 37, 2018, pp. 112–130.

③ Tillmann, P., "Estimating the Effects of Macroprudential Policy Shocks: A Qual VAR Approach", *Economics Letters*, 135, 2015, pp. 1–4.

态随机一般均衡模型（dynamic stochastic general equilibrium models，DSGE 模型）。相对于传统计量模型而言，DSGE 模型具有动态演化、随机冲击、一般均衡分析三大突出特点。其中，动态是指由于经济主体具有理性预期，因此模型构建基于经济主体会动态考虑当期行为决策对现在及未来的综合影响，可以呈现经济体从非均衡到均衡状态的动态形成机制；随机是指模型中引入多种外生冲击来模拟经济体在不确定环境下做出的反应；一般均衡分析是指 DSGE 模型基于均衡状态描述经济主体决策，模型刻画了经济长期状态（稳态）时的特征并基于此对模型求解。

DSGE 模型的显著优点使其在宏观审慎监管工具有效性研究中被广泛采用。例如，Bailliu 等利用包含金融加速器效应的 DSGE 模型分析了加拿大宏观审慎监管工具的有效性，结果表明当经济体受到冲击尤其是金融冲击时，使用宏观审慎监管工具能够在很大程度上提高福利水平。[①] 王爱俭等通过以中国为背景构建的 DSGE 模型也得出了相似结论。[②] 然而，基于 DSGE 模型的实证研究远未形成共识。如 Suh 在 DSGE 模型中引入金融加速器机制，发现资本缓冲的逆周期效应能够降低信贷周期波动，但针对特定部门的 LTV 工具造成了监管套利。[③] 马勇构建了植入金融摩擦的 DSGE 模型，得出与之前许多文献不同的结论，认为在中国，资产价格、融资溢价和银行杠杆率不必直接作为宏观审慎的政策工具。[④]

---

① Bailliu, J., Meh, C., Zhang, Y. H., "Macroprudential Rules and Monetary Policy: When Financial Frictions Matter", *Economic Modelling*, 50, 2015, pp. 148 – 161.

② 王爱俭、王璟怡：《宏观审慎政策效应及其与货币政策关系研究》，《经济研究》2014 年第 4 期，第 17 ~ 31 页。

③ Suh, H., "Evaluating Macroprudential Policy with Financial Friction DSGE Model", Indiana University, 2011.

④ 马勇、陈雨露：《宏观审慎政策的协调与搭配：基于中国的模拟分析》，《金融研究》2013 年第 8 期，第 57 ~ 69 页。

Funke 等利用 DSGE 模型分析了 LTV 的效果，结果表明 LTV 上限可以有效抑制新西兰房价波动，但对消费指数影响甚微，宏观审慎监管可以与货币政策相互脱钩。[①] 上述分歧的存在意味着基于 DSGE 模型框架的后续研究仍存在较大探索空间。

第四节　中国宏观审慎监管改革历程

　　中国的金融监管从"大一统"到"百家争鸣"，从混业经营到"一行三会"的分业监管，再到"三定"方案下宏观审慎管理局的设立，金融监管体制在经过多年不断完善后，已将宏观审慎监管逐步融入监管理念和实践，更加适应于当前经济环境与金融创新的需求。

　　具体来说，中国的金融监管体制大致经历了三个阶段（见表1－5）。

表1－5　中国金融监管模式演化进程

阶段	时间	特征
集中统一监管阶段	1949～1978 年	建立计划经济体制下的集中统一监管体制
	1982 年	中国人民银行下设立金融机构管理司，后改为银行司，另设立外资金融机构管理司
	1983 年	中国人民银行专门履行中央银行职能，建立了包括存款准备金制度和中央银行对专业银行的贷款制度的中央银行各项制度

---

① Funke, M., Kirkby, R., Mihaylovski, P., "House Prices and Macroprudential Policy in an Estimated DSGE Model of New Zealand", *Journal of Macroeconomics*, 56, 2018, pp. 152 – 171.

阶段	时间	特征
	1986 年	《中华人民共和国银行管理暂行条例》从法律上赋予中国人民银行作为中央银行和金融监管机构的职责，同时承担对包括银行、证券、保险和信托在内的金融体系进行混业监管的职责
	1990 ~ 1991 年	上海证券交易所和深圳证券交易所成立，证券市场监管对机构改革提出新的要求
分业监管体制形成阶段	1992 年	国务院证券委员会和中国证监会成立，负责对企业上市发行股票进行监管，分业监管开始
	1993 年	国务院发布《关于金融体制改革的决定》，建立了金融分业经营与监管的现实基础
	1995 年	全国人大及其常委会通过了"四法一决定"，建立了金融分业经营与监管的法律基础
	1997 年	第一次全国金融工作会议召开，集中统一的证券市场监管体制改革提上日程
	1998 年	国务院证券委员会并入中国证监会，由中国人民银行监管的证券机构开始由中国证监会统一监管；国务院决定成立中国保监会，负责对保险业的统一监管
	2003 年	中国银行业监督管理委员会成立，"一行三会"的金融分业监管体制正式建立
全面向宏观审慎监管过渡阶段	2008 年	中国人民银行结合 G20 和 FSB 对国际金融危机的总结，在宏观审慎政策框架建设方面进行了全面探索；重新启动金融监管协调部际联席会议
	2011 年	正式引入差别准备金动态调整机制；银监会借鉴巴塞尔委员会最新标准，将流动性覆盖率（LCR）和净稳定资金比例（NSFR）两个新流动性监管标准纳入非现场监测
	2012 年	《商业银行资本管理办法（试行）》发布，中国版巴塞尔协议Ⅲ正式出台，制定实施过渡期和新资本工具有关安排
	2013 年	国务院同意建立金融监管协调部级联席会议制度

阶段	时间	特征
	2016 年	差别准备金动态调整机制升级为宏观审慎评估体系（MPA）
	2017 年	国务院金融稳定发展委员会成立，强化中国人民银行宏观审慎管理和系统性风险防范职责；十九大报告提出"健全货币政策和宏观审慎政策双支柱调控框架"
	2018 年	中国银行保险监督管理委员会正式挂牌，"一委一行两会"的新金融监管体系正式亮相

资料来源：张晓慧《宏观审慎政策在中国的探索》，《中国金融》2017 第 11 期，第 23～25 页；辛继召《"一委一行两会"金融监管架构形成，从裂变式改革走向渐进式重组》，《21 世纪经济报道》2018 年 3 月 14 日，第 10 版。

第一阶段为集中统一监管阶段。1949 年新中国成立后，中国人民银行直属政务院，中心职能是在财政经济委员会领导下，与财政部共同执行货币发行、国库管理和金融市场稳定等任务，金融监管主要依靠行政手段。1969 年，中国人民银行并入财政部，直到 1978 年从财政部独立出来，始终同时执行中央银行和商业银行的双重职能，既是宏观经济政策管理机构，也是金融业监管部门。可见，1978 年之前的金融金融监管体制是由中国人民银行和财政部两部门主导的集中统一监管格局。改革开放后，随着经济迅速发展，无论是宏观调控还是金融机构和业务的复杂程度都在逐步提升，因此，20 世纪 80 年代后期，中国人民银行开始专注中央银行职能，同时对多部门构成的金融体系进行全面的混业式监管。

第二阶段为分业监管体制形成阶段。20 世纪 90 年代初期，上海证券交易所和深圳证券交易所的建立对金融监管的专业性和特殊性提出了新的要求，为适应新的金融业务与专业监管要求，金融监管体制开始由统一集中监管向分业监管过渡，证监会（中国证券监督管理委员会，1992 年）、保监会（中国保险监督管理委员会，1998 年）、银监会（中国银行业监督管理委员会，2003 年）的相继成立使得中央银行的金融监管职能不断向外剥离，中国金融监管逐步形成了"一行三会"的分业监管格局。

分业监管体制在很长时间内满足了中国的金融监管需求，其成功之处自不必说。然而，金融发展在深度和广度的极度扩张对监管模式提出了更高要求。众所周知，金融创新过程中金融产品和专业化的革新所带来的最大改变就是金融混业经营模式不断深化，金融机构间的业务往来日益紧密，金融风险跨市场传递的问题与日俱增，分业监管体制已经不再适用于全覆盖监管目的，往往深陷于监管盲区或监管重叠之中。此外，监管责任也随着监管边界的模糊而无法严格划分，监管机构间相互推诿与不作为现象成为潜在问题。①

第三阶段为全面向宏观审慎监管过渡阶段。2008 年美国次贷危机的发生为各国的金融监管敲响了警钟，尽管中国由于资本账户尚未开放，金融市场相对封闭，在危机中所受的冲击较小，但理论界和实务界对危机发生根源的讨论揭示了诸多全球金融监管体制的共性问题，宏观审慎监管与传统微观审慎监管相结合成为全球监管理念和体制改革的新方向。因此，中国人民银行根据党中央和国务院的方针和部署，借鉴 G20 和 FSB 等宏观审慎监管先行者对次贷危机发生、发展和蔓延的总结，在危机发生后随即开

---

① 例如，作为金融业内的资深人士，中国诚信信用管理有限公司董事长毛振华出席"2017 新浪金麒麟论坛"时陈述道："我们中国有一个毛病，监管机构过于分散，一行三会实践证明是有成功的，也是有问题的，成功的就不说了，问题很大一块就是监管竞争。有什么事抢着做，有什么问题大家抢着推责任。"

展了宏观审慎管理政策的研究和实施，当前已经在宏观审慎政策框架建设方面探索出适应于中国经济背景的有益经验。

中国推动宏观审慎监管实践走在了国际前列，监管体制向宏观审慎监管的过渡主要体现在以下几个方面。

一是宏观审慎监管政策在宏观调控体系中的地位逐步提升。继 2009 年中国人民银行第三季度货币政策执行报告中首次提出"要将宏观审慎管理制度纳入宏观调控政策框架"后，从 2012 年开始，宏观审慎监管开始作为国家层面的政策部署出现在公众视野。"十二五"规划明确提出"构建逆周期的宏观审慎管理制度框架"。此后，在 2012 年的全国金融工作会议上，强调"要加强和改进金融监管，切实防范系统性金融风险，银行业要建立全面审慎的风险监管体系"。随后，国家发改委在《关于 2012 年深化经济体制改革重点工作的意见》中也将"加快建立和完善宏观审慎政策框架，研究建立系统性金融风险防范预警、评估体系和处置机制"作为金融体制改革的重要内容。2016 年的"十三五"规划纲要中再次指出，"加强金融宏观审慎管理制度建设，加强统筹协调，改革并完善适应现代金融市场发展的金融监管框架，明确监管职责和风险防范处置责任，构建货币政策与审慎管理相协调的金融管理体制"。2017 年党的十九大报告进一步明确要求"健全货币政策与宏观审慎政策'双支柱'调控框架"。至此，宏观审慎监管政策已经上升到国民经济宏观调控的核心地位，与货币政策形成相互补充和强化的态势。

二是金融监管机构设置逐步适应宏观审慎的监管目标和要求。中国在引入宏观审慎监管制度的政策立场上紧跟前沿国家，在宏观审慎政策实施主体的论证和行动上却相对滞后，不过近年来有所加速。宏观审慎监管的内涵和目标决定了宏观审慎政策需要各部门统一决策和统筹运作。早在 2003 年，中国就已经开始搭建银监会、证监会和保监会构成的"三会"联席会议制度。会议由当时刚成立的证监会牵头，需要各会主席参加，会议内容以监管信息交换为核心。2008 年在"三会"基础上加入中国人民银行和国家外汇管理局，形成"一行三会"及国家外汇管理局负责人出席的金融旬会制度。同年国务院下发的央行"三定"方案中，进一步明确了央行在国务院领导下以部级联席会议制度形式会同"三会"建立金融监管协调机制。然而，最终只有金融旬会制度得到实施，金融监管协调部级联席会议却未能得到维持。直到 2013 年 8 月国务院批复同意建立由中国人民银行牵头，"三会"和国家外汇管理局参加的金融监管协调部级联席会议制度，必要时可邀请发改委、财政部等有关部门参加。央行行长担任联席会议召集人，各成员单位主要负责人为组成人员。这是首次明确金融监管协调部级联席会议由央行牵头，央行行长担任联席会议召集人。

2017 年以来，中国金融制度改革步伐明显加快。2017 年 11 月国务院金融稳定发展委员（金融会）成立，2018 年 4 月银保监会合并，2019 年 2 月《中国人民银行职能配置、内设机构和人员编制规定》发布（"三定"方案）。这一系列金融制度和监管机制的改革，尤其是机构设置的安排在加强宏观审慎监管、明确金融监管主体权责和加强各部门间监管协调的基础上，强化了中央银行在宏观审慎监管和系统性金融风险防范领域的核心地位和权威性，能够实现对所有金融机构和金融业务的宏观审慎监管。

三是宏观审慎监管政策框架和工具箱不断丰富。针对金融系统性风险主要来自银行体系的特点，在资本监管上，在 2008 年危机发生后推出了一系列资本协议实施监管指引，对银行业的资本监管借此全面展开。2011 年中国借鉴巴塞尔委员会最新标准，将流动性覆盖率（LCR）和净稳定资金比例（NSFR）两个新流动性监管标准纳入非现场监测指标；同年发布的《商业银行杠杆率管理办法》规定了商业银行并表和非并表的杠杆率。2012 年在《巴塞尔协议Ⅲ》的要求和规则基础上发布了符合中国金融制度背景和特征的"中国版巴塞尔协议Ⅲ"，发布《商业银行资本管理办法（试行）》，对系统重要性和非系统重要性银行的资本充足率制定相关要求。2014 年再次修订印发《商业银行流动性风险管理办法》，确立流动性覆盖率、存贷比、流动性比例 3 项流动性风险监管指标，建立多维度的流动性风险监测分析框架及工具。

在贷款监管上，2009～2010 年，银监会出台贷款新规，"三个办法一个指引"，包括 2009 年颁布的《固定资产贷款管理暂行办法》和《项目融资业务指引》，2010 年公布实施的《流动资金贷款管理暂行办法》和《个人贷款管理暂行办法》。贷款新规初步构建和完善了中国银行业金融机构的贷款业务法规框架，成为中国银行业贷款风险监管的长期制度安排。2015 年银监会对《流动性办法（试行）》进行了相应修订，将存贷比由监管指标调整为监测指标。2016 年银监会发布《银行业金融机构全面风险管理指引》，要求银行将"信用风险、市场风险、流动性风险、操作风险、国别风险、银行账户利率风险、声誉风险、战略风险、信息科技风险以及其他风险"纳入全面风险管理体系。2017 年在对银行业"三套利"等进行专项治理整顿的基础上，发布《关于规范银信类业务的通知》。2018 年《商业银行委托贷款管理办法》使得非标和通道业务进入严格监管框架。[①]

---

① 辛继召：《"一委一行两会"金融监管架构构成，从裂变式改革走向渐进式重组》，《21世纪经济报道》2018 年 3 月 14 日，第 10 版。

　　从宏观审慎监管政策独有工具角度来看，2011 年以来，中国人民银行就开始在货币信贷调控中使用符合宏观审慎监管理念的差别准备金动态调整工具，对 40 多家资本充足率较低、信贷增长过快以及顺周期风险隐患增大的金融机构实施了差别准备金要求。该工具与利率、公开市场操作、存款准备金率等货币政策工具相配合，结合个体风险差异与总量调整，通过增强流动性管理和优化信贷投放，促进了货币信贷的平稳有序增长，提升了银行体系的稳健性。事实上，中国早在 2004 年就针对由财务重组进度不一引起的金融机构资本充足率差异和个别金融机构信贷扩张速度过快问题实施过差别准备金政策。次贷危机尤其是 2010 年之后，国内经济刺激叠加全球流动性对通货膨胀形成明显推动，经济金融的风险积累呈现新的态势，为提高政策的针对性和灵活性，中国人民银行提出实行差别准备金率配合其他政策工具，更加注重运用市场化手段进行动态微调，也向着宏观审慎监管更进一步。为实现对系统性重要机构更有力的监管，防范系统性金融风险，施行逆周期管理，从 2016 年起中国人民银行将差别准备金动态调整机制升级为宏观审慎评估体系（macro prudential assessment，MPA），重点监管资本和杠杆情况、资产负债情况、流动性、定价行为、资产质量、外债风险、信贷政策执行七大方面，加强金融宏观审慎监管框架建设，其中资本充足率（capital adequacy ratio）是评估体系的核心。此外，自 2016 年 5 月起将全口径跨境融资宏观审慎管理扩大至全国范围的金融机构和企业，对跨境融资进行逆周期调节，控制杠杆率和货币错配风险。

　　如今，中国宏观审慎监管政策的框架已经基本形成，但对政策效果的评价和政策工具箱的进一步丰富刚刚开始。宏观审慎监管政策由于实施时间较短，基础数据缺乏，对其政策绩效的评价还处于探索阶段，但这一个工作的重要性不容忽视。对政策效果的客观评价有助于判断短期内政策实施的时机恰当与否、工具选择合适与否、实施力度合理与否，长期内势必通过经验累积全面推动构建和完善宏观审慎监管框架，而目前相关的理论研究和经验支持鲜见。另外，由于宏观审慎监管工具缺乏相应的专有政策工具，因此其政策工具与货币政策工具的交叠严重，不仅容易对货币政策工具效果产生干扰，同时可能出现与货币政策期望效果相冲突的问题，需要对此展开深入讨论。最后，宏观审慎监管的工具箱还有进一步拓展的空间，借鉴其他国家宏观调控管理的经验同时吸取其教训，结合中国国情探索新型宏观审慎监管工具也是本书的一个核心内容。

第二章
中国宏观审慎监管政策工具的主体选择

　　中国建立和完善宏观审慎监管体系势在必行。构建和完善逆周期的宏观审慎监管政策框架是一项复杂的系统性工程，亟须解决若干理论与实践问题。作为核心环节之一，明确宏观审慎监管主体是首要任务。而在这一问题上，已呈现监管实践领先于理论发展的现实。综观各国宏观审慎监管中形成的监管主体，中央银行无一例外扮演了重要角色。例如，爱尔兰将全部监管职责纳入央行，中央银行拥有最高决策权；法国和英国等国家采取了"双峰模式"，即将监管安全和监管服务相结合，但中央银行具有最高决策权；澳大利亚成立跨部门监管机构"金融稳定委员会"和"跨部门委员会"，其中中央银行具有最高决策权；美国较为特殊，组建了由财政部主导的金融稳定监管委员会，委员会与美联储相互独立，中央银行作为参与者具有政策建议权。[①] 由上可知，各国中央银行较为普遍地参与到宏观审慎监管实践中，但所处地位不尽相同。

　　理论界对中央银行在宏观审慎监管中角色定位的研究较少。

---

　　① 刘志洋：《宏观审慎监管机构安排的国际实践》，《银行业研究》2012 年第 8 期，第 77～84 页。

一部分学者认为中央银行至少应充当宏观审慎监管的主体。如Blanchard 等认为中央银行以其专业地位决定了其在宏观审慎监管中的核心地位，将审慎监管纳入中央银行有利于各部门通力合作。[①] Aglietta 和 Sialom 认为中央银行位于金融监管金字塔的顶端，有利于自上而下地制定和执行宏观审慎监管政策，维护金融稳定。[②] 还有一部分学者认为应该成立专门的监管机构负责宏观审慎监管，但对中央银行在其中的地位看法不一。如 Sibert 提出为保证客观性，宏观审慎监管委员会应该由不属于政府组织的成员担任，但需要与中央银行进行充分的政策协调。[③] 国内学者倾向于中央银行在宏观审慎监管中发挥主导性作用。如尹继志认为强化中央银行监管权限有充分依据，中央银行可以充当宏观审慎监管的决策者。[④]

那么，中央银行在宏观审慎监管中应扮演怎样的角色？鉴于中央银行有制定和执行货币政策这一根本职能，问题的答案显然取决于宏观审慎监管政策能否与货币政策相互协调。两者协调程度越高，中央银行在宏观审慎监管中的地位越高，反之亦然。简而言之，中央银行能否同时行使好宏观审慎监管政策和货币政策职能，并充分实现各自的政策目标，是中央银行能否参与宏观审慎监管及扮演何种角色的评价标准。基于以上思考，本章从两种政策的辩证关系与协调性出发，通过比较中央银行在宏观审慎监

---

① Blanchard, O., Dell' Ariccia, G., Mauro, P., "Rethinking Macro-Prudential Policy", *IMF Staff Position Note*, 2010.

② Aglietta, M., Sialom, L., "A Systemic Approach to Financial Regulation: A European Perspective", *International Economics*, 3, 2010, pp. 31 – 65.

③ Sibert, A., "A Systemic Risk Warning System", Voxeu Org, 16 January 2010. http://www. voxeu. org/index. php? q = node/ 4495.

④ 尹继志：《宏观审慎监管：内容与框架》，《南方金融》2010 年第 12 期，第 47 ~ 51 页。

管政策中的地位差异及其优缺点，结合中国实际，讨论中国人民银行在宏观审慎监管政策中应扮演的合理角色，从而明确宏观审慎监管政策工具的实施主体。

第一节　宏观审慎监管政策和货币政策的辩证关系

　　基于目标监管理论，只有两种政策的目标能在一定范围内兼容才存在政策间相互协调的可能性。因此，首先需要考察宏观审慎监管政策和货币政策目标的共性与个性、对立和统一①。厘清两种政策关系可以从货币政策广受质疑的"事后补救论"入手。20 世纪 50 年代以来，金融危机传递渠道逐渐从普通商品价格渠道转向资产价格渠道，但大多数学者反对将维护资产价格稳定纳入货币政策目标集，认为中央银行在资产价格泡沫破灭后进行补救即可。次贷危机的爆发和蔓延使得学术界开始反思这一观点。如 White 在批判货币政策"事后补救论"的基础上提出"事前反应论"，认为中央银行应对资产价格变动做出反应，在价格泡沫破裂前通过政策安排进行调控，并提出了逆周期的资本安排和金融机构杠杆率监控等政策工具。② 可见，货币政策"事前反应论"的思想和工具本质上与宏观审慎监管高度吻合。另外，货币政策

---

①　目前，理论界倾向于从两类政策目标的角度分析两者关系，对两类政策的工具和传递渠道问题关注不多。实际上，两者政策工具和传递渠道的重叠一方面有助于两类政策相互搭配，有利于中央银行同时执行两类政策，而另一方面则需要监管主体注意到两类政策的叠加效应容易造成政策力度过大，偏离政策预期。

②　White, W., "Modern Macroeconomics is on the Wrong Track", *Finance and Development*, 46（4）, 2009, pp. 15 – 19.

过分专注传统意义上的物价稳定，忽视金融稳定等潜在影响物价稳定的因素，是其在当前经济环境下难以实现政策目标的重要原因。如 Trichet 认为，在一国中央银行单一调控物价稳定的情况下，价格上涨压力将从实体经济部门转移到虚拟经济部门。部分国家的资产价格泡沫破裂恰恰发生在物价相对稳定的环境下，同时资产价格泡沫破裂导致的经济滞涨也使得中央银行难以保持物价稳定。[①] 上述质疑初步揭示了两个现实问题：一是新形势下货币政策已经暴露自身局限性；二是宏观审慎监管政策能够对货币政策进行必要补充。

具体来说，两种政策在目标上存在着共性和个性。首先，宏观审慎监管政策的"金融稳定"目标和货币政策的"价格稳定"目标之间具有共性。一是宏观属性。两种政策均从宏观经济运行出发，探讨和解决宏观层面的问题，在此过程中均采用宏观调控手段与工具。二是逆周期属性。货币政策通过相机抉择、逆经济周期的政策安排来熨平经济周期以实现价格稳定，而宏观审慎监管政策则通过逆周期资本缓冲、动态拨备制度等抑制系统性风险，实现金融稳定，其逆周期属性相对更为明显。三是金融政策属性。金融稳定和物价稳定同属金融政策的重要目标，均是金融机构和金融市场正常运行的重要条件。其次，两种政策的目标具有个性。一是量化程度不同。可量化和可监测的价格指标体系在货币政策实践中早已广泛应用，但目前衡量金融稳定的指标较少，在理论和实务界远未达成共识。二是影响范围不同。货币政策影响整个宏观经济运行，既包括实体经济也包括虚拟经济，而

---

① Trichet, J., "Asset Price Bubbles and Monetary Policy", Speech at the Mas Lecture, Monetary Authority of Singapore, 2005.

宏观审慎监管政策主要针对金融体系，影响范围相对较小。三是实现途径不同。货币政策体系完整，可通过丰富的政策工具组合和中介指标实现目标，而宏观审慎监管政策体系尚未成熟，没有形成完整的工具体系和组合规则，政策工具和政策效果仍需要深入评估。

然而，上述分析只阐述了两种政策目标的静态关系，从动态角度看两种政策目标同样存在对立和统一。首先，两者具有统一性，即价格稳定和金融稳定在长期意义上并不冲突，而是体现出相互加强的关系。低水平通货膨胀环境及所采取的相应货币政策均有利于金融稳定。金融危机多次爆发的直接原因是部分商品价格剧烈波动，这从侧面反映了商品和资本市场价格稳定对于金融体系稳定的重要性。另外，从西德经济发展实践看，二战后到20世纪90年代初其经济运行中出现了近40年的低通胀、高增长和金融市场稳定并存的情况，为两者的统一性提供了佐证。其次，两者具有对立性，即价格稳定和金融稳定在一些特定情况下存在冲突，价格稳定不是金融稳定的充分条件，主要原因如下。第一，资产价格对利率水平的变化反应极为敏感。理论上，利率水平提高导致的资产价格上涨不会造成金融泡沫。但在实践中如果资产组合杠杆率较高，利率变化会影响系统性风险水平。[1] 第二，宽松的货币政策为金融机构提高杠杆等风险偏好行为创造了条件。在利率水平持续走低的环境下，金融机构会主动承担过多风险。[2] 20世纪美国经济大萧条和90年代日本经济的衰退充分证明

---

[1] Yellen, J. L., "Linkages Between Monetary and Regulatory Policy: Lessons from the Crisis", *FRBSF Economic Letter*, 2009 (36).

[2] Borio, C. E., White, W. R., "Whither Monetary and Financial Stability? The Implications of Evolving Policy Regimes", *BIS Paper*, 147, 2009.

了经济危机可以在价格稳定情况下发生。

值得注意的是，宏观审慎监管政策和货币政策目标之间并非简单的确定性关系，而是取决于不同的经济和金融环境。[①] 表2 - 1归纳了经济周期与通货膨胀多种组合下两类政策目标的动态关系。

表 2 - 1　宏观审慎监管政策和货币政策目标的动态关系

高通货膨胀率	预期通胀	低通货膨胀率	两者关系
经济过热	互补	独立	冲突
经济均衡	独立	独立	独立
经济过冷	冲突	独立	互补

资料来源：Beau, D., Clerc, L., Mojon, B., "Macro-Prudential Policy and the Conduct of Monetary Policy", *Bank of France Working Paper*, 390, 2012。

由表2 - 1可知，宏观经济平稳运行，即经济体中总供给和总需求保持稳定，且在通货膨胀可预期的情况下，货币政策和宏观审慎监管政策的目标可以相互独立共存；当经济过热与通货膨胀预期过高同时出现，或经济过冷与通货膨胀预期过低同时出现时，两大政策目标之间互补；然而，当经济繁荣同时物价水平低于预期，或当经济萧条而物价水平远高于预期时，两者则存在明显冲突。比如，当资产价格存在泡沫，同时价格面临巨大的下行风险时，即金融体系和实体经济的供需存在错位时，宏观审慎监管政策应该限制信贷和流动性的扩张，但这必将限制实体经济活动，进一步加剧价格下行风险。也就是说，为了维护金融稳定而采取的宏观审慎监管政策，却对价格稳定产生了负面溢出效应，

---

① 马勇：《植入金融因素的 DSGE 模型与宏观审慎货币政策规则》，《世界经济》2013 年第 7 期，第 68～92 页。

弱化了货币政策的效果。

显然，宏观审慎监管政策和货币政策目标的统一为两种政策的相互配合奠定了基础，同时表明中央银行参与宏观审慎监管具有一定的理论依据。但由于两种政策目标之间还存在冲突，因此在监管实践中更加需要关注的是两种政策如何以及在多大程度上相互协调。

第二节 宏观审慎监管政策和货币政策的相互协调

本章从政策目标、工具和传递渠道3个角度分析宏观审慎监管政策和货币政策的协调性问题。首先是政策目标的协调。对两种政策目标的协调应从完善货币政策目标集着手，使得金融稳定成为货币政策的目标之一，这不仅可以弥补前文提及的货币政策局限性，同时也是适应当前金融业快速发展的现实需要。以中国为例，自改革开放特别是20世纪90年代以来，中国金融市场快速发展，虚拟经济在经济系统中的重要性逐渐提升。面对宏观经济环境和金融结构的变化，中国货币政策目标并未进行适当调整，已经很难达到维护价格稳定、促进经济增长的目的。

2007年以来，为应对国际金融危机和保持中国经济增速，中国人民银行将稳健的货币政策调整成适度宽松的货币政策。2011年，中国人民银行又将货币政策的重点重新调整到维持物价稳定、促进经济平稳较快发展。然而，2008年的国际金融危机表明，物价稳定和金融稳定都是经济良性运转的必要前提，缺一不可。在当前的经济金融系统中，仅维持物价稳定并不足以保证经济健康发展，货币政策应根据经济金融不同发展阶段和特点，借助广泛的政策溢出效应调整和丰富其目标集。现阶段应将金融稳定纳入货币政策目标框架，不再仅仅盯住传统意义上的物价稳定，这是两类政策目标协调的关键所在。

将金融稳定纳入货币政策目标体系并不说明货币政策可以有效满足双重目标。"丁伯根法则"（Tinbergen's Rule）认为要想实现 N 个政策目标，至少需要 N 个政策工具。因此，宏观审慎监管政策与货币政策相互配合以实现金融稳定是最佳选择。针对两种政策的目标冲突，应该在不同经济环境下遵循以下两个原则进行协调。第一，应严格区分两类政策的目标，划清边界，即宏观审慎监管政策的主要目标是维护金融稳定而货币政策的主要目标是保持价格稳定；第二，金融稳定是对货币政策目标的重要补充。"金融加速器"理论认为货币政策会导致金融体系的顺周期性。在实践中可以将信贷周期作为宏观审慎监管的政策目标，将物价稳定作为货币政策的主要目标，并且保持严格的独立性和政策界限，这样的政策搭配可以同时有效维护物价稳定和金融稳定。另外，两类政策目标的协调还需要分析金融不稳定的根源，有针对性地进行调控。当金融危机主要是由技术冲击造成时，危机治理应该主要侧重于遵循泰勒规则的货币政策；当危机主要是由金融冲击造成时，危机治理应该主要侧重于宏观审慎监管政策。如果央行拥有宏观审慎监管政策的制定权和执行权，则可以打破两种政策目标的限制，有侧重地治理危机，提高危机处理能力。[①]

其次是政策工具的协调。宏观审慎监管政策工具可分为时

---

① 陈雨露、马勇：《宏观审慎监管：目标、工具与相关政策安排》，《经济理论与经济管理》2012 年第 3 期，第 5 ~ 15 页。

间维度和空间维度两大类。时间维度的宏观审慎监管政策工具旨在实现逆周期性，包括逆周期的资本调节、动态拨备和杠杆率限制等；空间维度的宏观审慎监管政策工具旨在控制系统性风险在金融体系内部的累积和传递，维护系统重要性机构的稳定。货币政策工具常见的主要有利率、信贷供应量和公开市场操作等。对比宏观审慎监管政策和货币政策的工具可以发现，在信贷控制等方面两种政策工具存在着较多重叠。在使用同一政策服务不同政策目标的背景下，可能存在政策滥用现象，影响调控效果。因此，对政策工具的协调需要建立既分工明确又相互促进的机制。分工明确是指货币政策和宏观审慎监管政策应明确各自的核心政策工具。比如，货币政策的核心工具应该是存款准备金率和利率，宏观审慎监管政策的核心工具应该是以动态拨备为代表的资本缓冲工具。在核心工具分配清晰后，监管当局就可以根据不同的金融环境和危机诱因使用恰当的政策工具。同时，宏观审慎监管政策和货币政策的搭配应该充分考虑政策出台的时点问题。

货币政策的作用时点应该在宏观经济的反转时期。宏观审慎监管政策的作用时点应该与货币政策有所区分，与货币政策保持一段时期间隔，目的在于减少政策间的冲突，降低宏观经济的波动幅度。具体来说，当宏观经济走势进入下降通道，中央银行将实施扩张性的货币政策。由于货币政策存在时滞性，经济转好需要一段货币政策发挥效果的时间。届时，宏观审慎监管开始根据新一轮经济上行的特点制定和执行相关政策以降低系统性金融风险，维护金融稳定。表面上看，宏观审慎监管政策抑制了经济增长的趋势，实质上该政策的执行可以缩小宏观经济的波动幅度，增强经济发展的平稳性。相反，当宏观经济处于极度繁荣时期，中央银行通过出台紧缩性货币政策进行宏观调控。一段时期后如果经济出现衰退迹象，宏观审慎监管机构应开始着手出台一系列宏观审慎监管政策以防范系统性风险的发生，目的在于遏制经济衰退速度和宏观经济波动幅度。

最后是传递渠道的协调。宏观审慎监管对象涉及各类金融中介机构，除了传统上受到中央银行和各级监管当局监督管理的金融机构，更主要的是要监管影子银行体系的风险。然而，影子银行机构及业务具有隐蔽性、复杂性和欠规范性，对这类机构的监管无论是在监管信息收集还是在金融风险确认上均面临巨大困难。因此，鉴于影子银行的业务往往与正规金融机构的业务存在千丝万缕的联系，宏观审慎监管主体可以通过加强对正规金融机构的应急信用额度、专营权、资产负债表外业务等方面的监管，来调控其与影子银行业务的联系，进而间接实现对影子银行体系的监管。从这个角度来说，宏观审慎监管政策不会对货币政策传导机制产生过多影响。相反，由于两种政策关注的都是能为经济系统提供流动性的货币金融机构，因此宏观审慎监管政策的传导渠道与货币政策的传导渠道极其类似。在实践中，中央银行在货币政策传递渠道方面积累了大量经验，为分析对宏观审慎工具传递渠道的监测提供了便利。

综上所述，在现代经济金融发展新形势下，货币政策目标集需要加入金融稳定的考量，宏观审慎监管政策和货币政策在政策目标、政策工具、传递机制方面能够有效协调，这为中央银行参与宏观审慎监管政策提供了理论和实践上的支持。基于政策协调视角，中央银行理应参与宏观审慎监管，但在具体的政策地位方面仍需要进一步分析。下文将具体讨论世界各国中央银行在宏观审慎监管中的政策地位差异及其优缺点。

第三节　中央银行在宏观审慎监管政策中的地位差异及优缺点

　　中央银行制度的形成和发展虽然并非完全为维护金融体系稳定，却与其关系紧密。中央银行演进的内在动因经历了政府融资推动、信用货币发行推动、票据交换与清算推动、最后贷款人推动等各个阶段，其职能范围已经广泛渗透宏观和微观监管诸多领域。中央银行在发行统一货币单位和组织全国银行系统清算过程中直接或间接维护了金融体系稳定。中央银行作为"发行的银行"、"银行的银行"和"政府的银行"，在历史和逻辑层面均具有维护金融稳定的先天优势。鉴于此，理论界普遍认为中央银行应该拥有一定的宏观审慎监管决策权。[①] 从2008年全球金融危机后各国宏观审慎监管改革实践来看，中央银行在宏观审慎监管政策中的地位可以归纳为三种类型：决策者、主导者和参与者。

　　第一，决策者。决策者是指中央银行在宏观审慎监管中处于最高地位，享有宏观审慎监管的唯一决策权，无须与其他监管部门进行政策协调。具体表现为以下三种形式。第一种是中央银行同时拥有宏观审慎监管政策的决策权和执行权，一般是金融监管高度集中的小国采用这种模式，如新加坡模式。第二种是中央银行同时拥有政策唯一决策权和部分微观审慎政策执

---

　　① 叶文庆：《宏观审慎监管机构的监管权力探讨》，《上海金融》2013年第3期，第67～71、118页。

行权。在这种模式下，中央银行往往具有较高的独立性和行政地位，负责执行部分传统微观审慎监管职责，如荷兰模式。第三种是中央银行只拥有政策唯一决策权，宏观和微观审慎政策的执行权均分配给微观审慎监管机构。目前该模式尚无国家采用，究其原因是中央银行完全没有执行权，难以对政策实施过程和效果进行有效监控。

支持中央银行充当宏观审慎监管政策决策者的学者认为，中央银行在维护金融稳定方面具有市场地位和技术等多方面优势。主要包括：①宏观经济管理优势，中央银行在长期制定和执行货币政策过程中积累了较多的宏观经济分析预测经验和人才优势，可以保证宏观经济信息的全面准确，为宏观审慎监管决策奠定基础；[1] ②中央银行在一国金融体系中具有较高的市场地位并充当最后贷款人角色，可以经常性通过道义劝告，引导公众形成合理预期；[2] ③中央银行独立行使宏观审慎监管政策决策权可以增强政策主动性，且在混业监管环境下可以充分进行政策协调。[3]

反对中央银行充当宏观审慎监管政策决策者的学者则认为：①中央银行的独立性有限，往往在一定程度上受到政府偏好的影响，难以完全根据宏观经济形势和金融发展特点制定宏观审慎监管政策；②世界各国中央银行的主要目标倾向于物价稳定，中央银行完全拥有宏观审慎监管决策权可能导致其滥用监管权力，过度使用宏观审慎监管政策辅助其实现货币政策目标，监管权的高

① 陈雨露、马勇：《宏观审慎监管：目标、工具与相关政策安排》，《经济理论与经济管理》2012 年第 3 期，第 5～15 页。
② Bank for International Settlements，"Group of Central Bank Governors and Heads of Supervision Reinforces Basel Committee Reform Package"，*BIS Press Release*，26（7），2010.
③ 尹继志：《宏观审慎监管：内容与框架》，《南方金融》2010 年第 12 期，第 47～51 页。

度集中还可能导致中央银行的官僚作风;[1] ③一旦宏观审慎监管失败还可能影响中央银行的信誉。[2] 这种模式对于新加坡和爱尔兰等人口和金融资源有限的小国比较合适，对大国并不合适。[3] 除上述观点之外，本章认为中央银行单独行使宏观审慎监管政策决策权的主要缺点是政策观点单一，难以充分了解和协调各方意见，在政策导向和利益链条没有理顺的情况下，政策实施会遇到诸多阻碍。

第二，主导者。主导者是指中央银行在其内部设立委员会或在独立的宏观审慎监管委员会中听取各方意见但主导宏观审慎监管政策的模式。在该模式下，中央银行一般在宏观审慎监管委员会中充当主席角色。由于大部分国家和地区尚未实行高度集中的金融监管体制，金融监管往往需要在多个监管机构之间进行分工，而宏观审慎监管政策需要机构之间相互协调。所以在各国实践中，中央银行充当宏观审慎监管政策主导者的情况比决策者要多。如欧盟和英国组建了宏观审慎监管委员会或类似机构，委员会成员涵盖了传统的微观审慎监管机构、财政部、中央银行和委员会等独立成员，成员各享有一定比例的宏观审慎监管政策决策权和建议权，各成员根据委员会决议具体负责宏观审慎监管政策的执行。

支持中央银行充当宏观审慎监管政策主导者的学者认为：①委员会模式可以避免中央银行充当决策者模式的缺陷，形成更为全

---

[1] Masciandaro, D., "Politicians and Financial Supervision Unification Outside the Central Bank: Why Do they Do it", *Journal of Financial Stability*, 5 (2), 2009, pp. 14 – 17.

[2] Bank for International Settlements., "Group of Central Bank Governors and Heads of Supervision Reinforces Basel Committee Reform Package", *BIS Press Release*, 11 (1), 2010.

[3] Wall, L. D., "Central Banking for Financial Stability: Some Lessons from the Recent Instability in the United States and Euro Area", *DBI Working Paper*, 379, 2012.

面的监管视野，并有助于加强执行机构对政策的认同感和执行力；[①]　②委员会成员实行民主决策，听取各方意见，可以弥补中央银行充当决策者情况下产生的权力垄断和道德风险缺陷；[②]　③委员会模式兼顾多重目标，形成兼顾多方的政策安排。鉴于存在这些优点，中央银行主导宏观审慎监管政策的制定和执行得到了大部分学者的赞同。Nier 等也明确指出中央银行适合主导宏观审慎监管政策。[③]

反对中央银行充当宏观审慎监管政策主导者的学者认为：①成员机构的政策独立性可能受到潜在影响；[④]　②中央银行作为委员会主席虽具有较大的决策权，但具体的政策执行要依靠微观审慎监管部门，若一国央行的行政地位和独立性较低，容易造成政策时滞和执行效果不佳；③由财政部主导宏观审慎监管更为合适。[⑤]这种观点主要基于美国财政部在金融危机后采取了迅速的危机应对措施，有效控制了金融危机蔓延。与之相反，英国在审慎性监管改革过程中忽视了财政部的作用，而其央行对危机爆发反应迟钝，导致北岩银行等金融机构相继破产，加剧了危机。但这种观点并不占主流，因为宏观审慎监管更加侧重事前对系统性风险的监测和控制而非事后补救。

第三，参与者。参与者是指中央银行在其原有监管范围内负

---

① Bank for International Settlements. , "Group of Central Bank Governors and Heads of Supervision Reinforces Basel Committee Reform Package", *BIS Press Release*, 11 (1), 2010.

② 曹凤岐：《"一行三会"应变为"一会一行"》，《经济参考报》2013 年 8 月 27 日，第 2 版。

③ Nier, E., Jacome, L., Osinski, J., Madrid, P., "Institutional Models for Macro-Prudential Policy", *IMF Staff Discussion Note*, 11 (18), 2011.

④ Goodhart, C., "Should the Functions of Monetary Policy and Banking Supervision be Separated?", *Oxford Economic Papers*, 47 (4), 1995, pp. 539 – 560.

⑤ Merrouche, O., Nier, E. W., "What Caused the Global Financial Crisis? Evidence on the Build-up of Financial Imbalances 1999 – 2007", *IMF Working Paper*, 10 (26), 2010.

责宏观审慎监管或在宏观审慎监管委员会中仅享有政策建议权和对应的执行权模式，即中央银行仅在其原有监管范围内补充宏观审慎监管的内容，无须牵头其他监管机构。参与者模式有以下两种表现形式。

第一种是中央银行在法律授权的宏观审慎监管委员会中仅作为普通参会机构，接受委员会决议，基本上只享受政策建议权。美国目前采用这一模式，其金融稳定监管委员会下的宏观审慎监管委员会由财政部主导。赞同者认为，财政部在加速宏观审慎监管立法方面的作用比中央银行显著，且财政部能够更加及时地应对危机爆发，有效发挥危机管理和破产清算职能。[1] 反对者认为，财政部主导宏观审慎监管政策容易受到政策当局的干预，政治风险使得宏观审慎监管政策难以发挥效果。[2] 在西方政党体制下，财政部长所属政党参与选举时可能不愿意采取严厉的宏观审慎监管措施，导致宏观审慎监管政策的强度较弱甚至难产，因而对于财政部主导宏观审慎监管政策应制定相应约束机制。可见，从提高宏观审慎监管政策执行力和政策常态化建设视角来看，财政部并不适合充当宏观审慎监管政策的主导者，但可以在危机处理方面适当提高其在委员会中的职能地位。

第二种是中央银行和其他涉及宏观审慎监管的部门各自为政，独立制定和执行宏观审慎监管政策。这种模式实际上是将宏观审慎监管权力进行分割，每个机构在自己的职权范围内识别系统性风险，制定和执行相关的宏观审慎监管政策。这种模式虽难

---

[1] Volcker, P., Fraga, A., Padoa-Schioppa, T., "Financial Reform: A Framework for Financial Stability", *Group of Thirty Report*, 2008.

[2] 王璟怡：《宏观审慎与货币政策协调的研究动态综述》，《上海金融》2012 年第 11 期，第 58~64、117 页。

以实现权责统一，但每个监管机构的监管动力较强，能够集中力量在其政策目标上。然而，这种模式在金融监管逻辑中存在严重问题。宏观审慎监管的目标是控制系统性风险、维护金融稳定，而系统性风险往往在不同种类金融机构间的业务往来中积累和传递，因此需要进行全局性统一监管。

第四节　中国人民银行主导宏观审慎监管政策的可行性与困难

如前所述，中央银行是否可以参与到宏观审慎监管之中以及扮演怎样的角色都取决于货币政策和宏观审慎监管政策的协调程度，且中央银行在其中扮演的角色并没有绝对优劣之分，需要从金融制度沿革、政治法律环境及经济发展阶段与态势等各个方面加以具体分析，这为确立中国宏观审慎监管主体提供了相应启示。结合中国国情，本章认为中国人民银行在维护金融稳定方面具备诸多的优势和法律依据，适合充当宏观审慎监管政策的主导者。当然，也面临一定的困难和挑战。

一　中国人民银行主导宏观审慎监管政策的依据

第一，法律依据。现行的《中国人民银行法》第二条规定："中国人民银行在国务院领导下，判定和执行货币政策，防范和化解金融风险，维护金融稳定。"虽然并没有详细的相关法律条文说明中国人民银行具有制定和执行宏观审慎监管政策的权力，但金融危机以来中国实际上形成了在国务院领导下，中国人民银行协调各方制定和实施宏观审慎监管政策的模式。目前，中国人民银行内设金融稳定局，形成了各金融监管机构信息分享与协调、政策建议与讨论、政策执行与反馈，以及流动性救助等多方面的宏观审慎监管制度。另外，《中国人民银行法》赋予中国人民银行的监管权力适用于宏观审慎监管"着眼于金融体系全局、系统风险管理和跨行业监管"等要求。2015 年 12 月中国人民银行决定从 2016 年起制定"宏观审慎评估体系"，具体由货币政策司负责。由此可见，中国人民银行在宏观审慎监管实践中已经承担起系统性风险监测和评估的工作，事实上强化了其在宏观审慎监管中的职能和地位，但具体的宏观审慎监管政策决策和执行机制尚处于空白阶段。

第二，流动性管理依据。金融危机的爆发往往起因于金融系统内少数重要机构出现流动性危机，而监管当局救助不及，进而引发一系列连锁反应，导致更大范围的危机蔓延。中国虽然在 2015 年 5 月 1 日起正式实施《存款保险条例》，但起步的费率远远低于发达国家，是否能够全面覆盖和抵御潜在的金融系统性风险还有待时间检验。考虑到中国金融系统性风险主要来自银行体系，系统重要性机构一旦出现流动性风险，可能在很长一段时期内中央银行充当最后贷款人补充金融机构流动性仍然是"后备"手段，金融机构的道德风险远未彻底消除。如果中央银行主导宏观审慎监管政策，就可以采用动态拨备等一系列宏观审慎监管手段，对金融机构的流动性进行有效监控，既可以有效抑制系统性风险，又可以降低中央银行救助的可能性与成本。中央银行同时使用宏观审慎监管政策和最后贷款人政策具有明显的协同效应。

第三，金融机构统一监管的依据。中国正处于金融分业经营向混业经营的过渡阶段，但金融监管实行较为严格的分业监管，监管真空和多重监管并存。现阶段，完善中国的宏观审慎监管必须协调各分业监管机构的政策，无论采取央行内专设委员会还是独立委员会的模式，都需要一个牵头和负责的委员会主席。考虑到财政部的政治风险问题，中国人民银行是在中国金融分业监管环境下主导宏观审慎监管政策的不二人选。但需要注意的是，强化中国人民银行的宏观审慎监管职能需要进一步提升其独立性。

第四，金融监管实践依据。中央银行主导宏观审慎监管已成为世界范围的主流趋势。例如，英国政府授权英格兰银行主导宏观审慎监管，将原金融服务局的监管权限授予英格兰银行，并成立了涵盖各金融监管部门的金融稳定理事会以协调各方意见。金融稳定理事会吸取了北岩银行破产的教训，在较短时间内提升了英国金融业的稳定程度。这一经验为中国提升中央银行在宏观审慎监管中的地位提供了有益借鉴。而且已有研究表明，日本央行主导宏观审慎监管后日本金融体系的抗风险能力和国际竞争力显著增强。[①]

二　中国人民银行主导宏观审慎监管政策的优势

中国人民银行主导宏观审慎监管政策有着以下先天优势。

第一，在宏观经济调控方面具有优势。中国人民银行经历了中国金融体制改革和宏观调控演进的各个阶段，在此过程中积累了大量宏观经济和金融风险的调控经验。在信息收集、分类处理和金融基础设施方面相对于其他金融监管部门有着压倒性优势。而宏观审慎监管恰恰需要获取充分、有效的信息以跟踪和监测系统性风险，若由其他机构主导宏观审慎监管，则难以满足数据获

---

① 于震、张超磊：《日本宏观审慎监管的政策效果与启示——基于信贷周期调控的视角》，《国际金融研究》2015 年第 4 期，第 34～44 页。

取在数量、质量以及时效性上的要求。

第二，在流动性管理方面具有优势。中国人民银行通过公开市场业务操作、再贴现和存款准备金率等传统政策工具，配合近期提出的常备借贷便利（SLF）、公开市场短期流动性调节工具（SLO）和抵押补充贷款（PSL）等创新性政策工具，对金融系统的流动性进行全面调控，在工具集和实践经验上满足宏观审慎监管的需要。

第三，在支付和清算方面具有优势。制定有效的宏观审慎监管政策需要对系统性风险的积累和传递进行全面实时监控。中国人民银行拥有全国统一的支付清算系统，能够通过该系统监管金融机构的资金存量和流量情况，并可以适时加以引导和调节，从而利于提高宏观审慎监管政策的执行效率。

第四，中央银行具有相对独立性。宏观审慎监管政策框架涉及多个金融监管机构和利益主体，宏观审慎监管政策主导部门虽需要听取各方意见，但必须有能力进行独立决策。相对美国等国家的中央银行来说，中国人民银行虽独立性有限，但仍比国内其他监管机构独立性强。《中国人民银行法》中明确指出中央银行制定和执行货币政策以及履行其他相关职能时不受国家机关和个人的干预。此外，中国人民银行在人才、团队、市场信誉等方面相对于其他监管机构有着较大优势。综上所述，中国人民银行适合充当中国宏观审慎监管政策的主导者。

三 中国人民银行主导宏观审慎监管政策的困难和挑战

如上所述，宏观审慎监管政策与货币政策的潜在冲突客观存在，加之不同国家经济金融发展水平、制度环境和监管理念不同，面临的宏观审慎监管政策问题也不尽相同。因此，即便中央银行主导宏观审慎监管政策已经成为国际趋势，其面临的困难和挑战仍不可回避。结合中国国情，中国人民银行如果作为宏观审慎监管政策的主导者，同时担负起维护价格稳定和金融稳定的职责，在具体实施过程中可能会面临以下问题。

第一，金融稳定目标和经济周期的界定存在困难。对于实现物价稳定的目标，目前已有明确的定性和定量度量指标，如各类物价指数。而对于金融稳定，甚至都不存在一个普遍认可且清晰的测度方式。同时，宏观审慎监管政策和货币政策的配合在很大程度上基于政策当局对经济周期运行阶段的判断。遗憾的是，对于经济周期的识别在理论上同样存在较大分歧。针对经济周期研判不明的情况，可以通过使用公开市场操作等货币政策工具进行试探性调整，但以动态拨备为代表的宏观审慎监管工具则无法经常进行此类操作，这无疑增加了央行在实际操作中实施两种政策搭配与协同，以及对政策施行者进行问责和考核的难度。

第二，与其他监管部门的沟通协调存在困难。中国人民银行独立行使货币政策维护价格稳定，但制定和执行宏观审慎监管政策需要协调各方建议，更需要各方配合执行。结合中国注重行政级别的国情，无论中国人民银行内部的委员会还是其牵头的独立委员会，中央银行有效组织其他部门开展宏观审慎监管政策都必须拥有较高的行政级别和独立性。虽然中国人民银行建立历史较长，但同银监会和财政部等部门均为国务院直接领导和管理的正部级行政单位。从这个角度看，中国人民银行如何建立宏观监管机构之间顺畅有效的沟通交流机制，实现在金融稳定目标上的多方政策合力，是需要解决的一个重要问题。

第三，特定环境下的政策背离难以协调。虽然在大多数情况下货币政策和宏观审慎监管政策能够协调，但在特定环境下两个政策之间的矛盾难以避免。[①] 例如，为了维护金融稳定而进行的危机救助，使得央行释放了大量流动性，一旦经济复苏，过量的流动性无法及时收回，加之市场利率较低，很可能催生新一轮通货膨胀，这有悖于央行价格稳定的管理目标。在政策目标冲突的情况下，进行有目标取舍的政策安排还是坚持政策搭配方案仍需进一步考量。

第四，中国人民银行的独立性面临双重困境。有效的宏观审慎监管政策要求金融监管当局具有较高的独立性。但中国人民银行隶属国务院，独立性较低，重要的金融政策仍需国务院批准才可以执行，这是第一重困境。若由中国人民银行主导宏观审慎监管政策，其势必会在政策的制定和执行过程中顾及其他监管部门的相关意见，甚至受到某些强势部门的左右。例如，央行的宽松政策不仅显著增加了自身资产未来出现损失的风险，而且使其对财政部门的依赖性大大增强，这是第二重困境。在双重困境的制约下，中国人民银行的独立性难以保证。

基于以上分析可知，中国人民银行在主导宏观审慎监管政策的制定和执行上具有一定比较优势，但同时受到独立性等各方面问题的影响。鉴于构建和完善中国宏观审慎监管政策框架迫在眉睫，未来这一议题仍需理论界和实务界进一步深入探讨。[②]

---

① 陈雨露、马勇：《宏观审慎监管：目标、工具与相关政策安排》，《经济理论与经济管理》2012 年第 3 期，第 5~15 页。

② 本章内容的撰写时间是 2013 年 9 月，当时宏观审慎监管政策框架的建设中监管主体和机构设置还处于讨论和萌芽阶段。回顾本章内容可知，本书对这一问题的讨论明显具有前瞻性，而且与后期的制度改革基本吻合。

第三章
中日宏观审慎监管政策效果评价与比较

次贷危机爆发之后，信贷周期在全球范围内已被视作金融系统性风险的重要来源，而化解这一风险正是宏观审慎监管的目标。[1] 所谓信贷周期指的是在内生和外生机制的作用下，信贷规模扩张与收缩过程交替往复的信贷波动现象。信贷周期的形成和演化是经济基本面或经济周期[2]、金融自由化[3]、银行业竞争[4]以及制度设定[5]等因素综合作用的结果。信贷周期的顺周期特性会通过金融加速器机制最终对实体经济产生巨大的持续性冲击。根据高盛估计，中国2013年的信贷规模接近GDP的240%，几乎接近承受极限。这无疑是中国经济在全球金融危机背景下独树一帜、稳定增长的重要推手之一，但也为危机的出现埋下了隐患。

---

① IMF, FSB, "Macroprudential Policy Tools and Frameworks", *Progress Report to G20*, 2011.

② Koopman, S. J., Kräussl, R., Lucas, A., Monteiro, A. B., "Credit Cycles and Macro Fundamentals", *Journal of Empirical Finance*, 16 (1), 2009, pp. 42 – 54.

③ Aikman, D., Haldane, A., Nelson, B., "Curbing the Credit Cycle", *The Economic Journal*, 125 (585), 2015, pp. 1072 – 1109.

④ Gorton, G. B., He, P., "Bank Credit Cycles", *The Review of Economic Studies*, 75 (4), 2008, pp. 1181 – 1214.

⑤ Cordoba, J. C., Ripoll, M., "Credit Cycles Redux", *International Economic Review*, 45 (4), 2004, pp. 1011 – 1046.

在当前严峻形势下面临巨大考验的不只是政府的宏观调控能力，还有旧的宏观调控思路。鉴于信贷市场的顺经济周期特征，狭义上"紧盯产出和通胀"的货币政策必须配合信贷周期监管的逆周期金融宏观调控审慎政策，这也是货币金融理论与实践调整的必然趋势。① 在现实需求的推动下，中国政府在 2010 年 11 月颁布的《金融业发展和改革"十二五"规划》中首次将"建立健全金融宏观审慎政策框架"放到首要位置，要求进一步构建和完善逆周期的宏观审慎政策框架，从而确定了金融监管体制未来的改革方向。然而，中国的宏观审慎监管仍处于起步阶段，还存在一系列亟待解决的问题。

值得注意的是，作为经济发达、开放度较高的银行主导型金融结构国家，在次贷危机中，日本是极少数直接损失并不大的国家之一。究其根源，主要得益于日本十多年来持续进行的金融监管体制改革。② 日本通过从传统的"护卫舰"式金融监管模式过渡到"以金融厅为核心"的监管模式，引入早期纠正措施，加大金融监管机构的政策执行力度，严格监管和调控银行借贷行为，清理了银行系统的不良资产，降低了金融系统性风险，已经成为推行宏观审慎监管实践的成功范例。这为同为银行主导型的中国构建和完善宏观审慎监管框架提供了参考和借鉴。鉴于此，本章以信贷周期调控的有效性为评价标准，首先通过实证检验中日两国信贷的顺周期程度揭示两国在系统性金融风险调控方面的效率。其次，分阶段检验日本的情况，考察日本从微观审慎监管向

---

① Frankel, J. A., "What's in and out in Global Money", Finance & Development, 46 (3), 2009, pp. 13 – 17.

② 傅钧文：《日本金融宏观审慎监管体制建设及其启示》，《世界经济研究》2013 年第 12 期，第 9 ~ 13、66、84 页。

宏观审慎监管过渡的成效。最后，通过对比日本现行宏观审慎监管的思路和措施，为中国宏观审慎监管体系的建立、工具选择和实施细则制定等提供经验借鉴。

第一节　日本金融监管体系向宏观审慎监管的改革

传统的日本金融监管遵循以政府为主导、以银行为中心的"护卫舰"模式。该模式虽然相对保守、封闭，但可以解决日本二战之后重建过程中的资金不足问题，同时推动了日本战后经济的高速增长。但是随着金融自由化和全球化的步伐加快，这一监管体制逐渐成为日本金融业进一步发展的桎梏。于是日本开始通过放松部分金融监管以追求金融自由化目标。虽然日本减小金融监管力度在一段时期内提高了金融机构的效益，但好景并不长，日本刚从"泡沫经济"的破灭中恢复，金融机构又经历了1997年东南亚金融危机的冲击，大量银行贷款成为坏账。据日本金融厅统计数据，日本全国银行的不良资产从1993年的12.8万亿日元增加到2002年的52.4万亿日元，约占当年GDP的8%。巨额的银行坏账不仅使日本金融机构的国际竞争力进一步下降，更导致日本经济再次陷入衰退。因此，日本不得不开启了漫长却卓有成效的金融监管体制改革之路，改革措施可以概括为以下几个方面。

第一，日本对监管机构进行改革，并逐步调整机构职能，使之适应监管目标。1998年6月日本设立金融监督厅（Financial Supervisory Agency），负责全国大多数金融机构的监管，但金融政策的制定不在其职责范围内。1998年末成立金融再生委员会

（Financial Reconstruction Commission，FRC），主要负责执行相关的金融法规和处理金融破产事务，另外，对存款保险机构的监管也纳入该委员会的职责范围。2000 年日本又增加了金融监督厅对中小金融机构的监督权。为适应金融混业经营的趋势，在金融监督厅的基础上，2001 年日本又成立了金融厅（Financial Services Agency，FSA），合并了金融再生委员会的职能，主管日本金融机构的监管工作，成为监管机构的最高行政部门，同时拥有金融监管和金融政策制定的权力。至此日本形成了以金融厅为中心，日本银行（Bank of Japan，即日本的中央银行）、地方财务局和存款保险机构共同参与的金融监管体系。

其后，为了确保金融体系的稳定性，及时控制系统性风险，日本不断在金融监管机构内部进行调整，使之充分发挥监管职能。2005 年日本将信用机构局（Financial Systems Department）和信用考查局（Bank Examination and Surveillance Department）合并为金融机构局（Financial Systems and Bank Examination Department），并在金融机构局内部设立金融高度化中心（Center for Advanced Financial Technology）。① 在确保金融交易稳定性的前提下，主要负责按照金融厅和日本银行的原则方针制定和协调相关政策，鼓励金融机构使用先进的金融技术，注重信息安全，提高本国金融服务的竞争力，并且通过研究相关金融体系的发展借鉴成功经验，针对金融体系出现的重要问题定期召开金融探讨会，发表金融体系报告，对金融体系的稳定程度进行合理有效的评估。

第二，日本通过法律规范保证监管机构职能的顺利转变和实

---

① 此处各机构名称的翻译方式来自日本银行的中文版网页。

现。为了解决在设立金融监督厅之初存在多个监管机构的监管范围重叠和监管真空的问题，日本在 1998 年颁布的《新日本银行法》中清晰地界定了日本银行和日本金融监督厅之间的权责关系，在很大程度上解决了监管机构职能和监管范围存在的问题。2006 年日本在吸收合并多部有效法律的基础上，大幅度修改了《证券交易法》，并最终颁布《金融商品交易法》，该法律所调整的对象是包括投资服务在内的投资性商品，极大地健全了金融监管的法制体系。

第三，在政策工具方面，日本监管机构采取各种稳健性措施以降低系统性风险，解决金融体系与实体经济之间的风险传递问题。日本 2002 年的巨额不良贷款由资产价格泡沫和金融机构过度重组引发，而且随着金融自由化程度的加深，金融机构互持股权加大了金融市场的系统风险。除此之外，金融全球化使得各国金融体系之间的联系更加紧密，也增加了外部风险进入国内的可能性。因此，为了降低不良贷款率，稳定金融系统，日本开始实施金融再生计划。① 日本银行和金融厅在促进金融体系快速发展的同时特别注重有效控制系统性风险，具体措施如下。②

首先，日本金融厅非常注重对系统性风险的分析和评估。一方面，在特定时间点上对金融机构的风险进行评估。不同金融机构的参与者通过相互交易和结算将各自的风险相互传导，因此需要对各自机构的风险和关联性进行预估分析。另一方面，评估金融体系随时间变化的累积风险，也就是对"金融加速器"机制带来的风险进行分析。在实践中，监管当局进行风险评估的指标并不

---

① 丁亚非：《日本金融改革的目标、措施及成效》，《国际金融研究》2005 年第 6 期，第 4～9 页。

② 部分措施参考了 Bank of Japan（2011）。

唯一。如将金融周期指数作为早期预警指标[①]，以及针对金融失衡和系统性风险问题建立包括宏观风险指标（信贷/GDP）、金融活动指标、金融周期指标和系统风险指标的指标评价体系。例如，日本通过对利率风险、信贷风险和股市风险进行宏观压力测试确定银行部门的风险，并设法降低风险以保证银行体系经营的稳健性。

其次，为了降低金融体系的顺周期性，监管部门采用现场检查和非现场监管的方式确保信息准确性，严格控制银行系统性风险。日本银行自2004年开始对153家金融机构进行现场检查，其中包括46家国内持牌银行、67家信用银行和40家证券公司。同时，对外资银行的分公司等金融机构进行非现场监管。对每个金融机构检查的项目和形式等均与金融机构自身的经营状况有关。最后详细披露检查结果，实行逐级惩罚措施。另外，金融机构也需要按照《巴塞尔协议Ⅲ》的要求实施逆周期资本缓冲以减轻顺周期的程度。

最后，作为银行主导型金融结构国家，日本对银行稳健性经营的要求极其严格。日本银行要求金融机构提高内部控制风险和商业经营活动的能力，而且日本银行和金融厅监管的重点从评估单个金融机构的资产状况转变为监测银行的风险管理制度和框架，在合理评定银行资产经济价值的基础上监测金融交易的联合风险。为提高风险管理能力，要求银行充分利用市场信息，提高整体的风险管理意识，加强对流动信贷组合的管理，采用更为科学合理的风险管理方法，而且要更加慎重地制定授信管理政策和严格的呆账准备金政策，在注意风险与收益平衡的前提下发放信贷。同时，还要确保国际结算的顺利进行，降低外部风险进入的

[①] 例如，Kamada 和 Nasu 2011 年在经济周期和波动的经典理论之上建立了一个金融周期指数（Financial Cycle Indexes），旨在提前一年预测日本的金融危机。

概率，并防止支付系统引发系统性风险。经过上述监管改革，最终银行系统的坏账率从 2001 年的 8.7% 降至 2006 年的 1.5%，收到了良好的改革效果。

日本多年来的金融监管改革显著提升了金融体系抵抗风险的能力，2008 年的全球性金融危机充分验证了这一点。由于日本银行一直注重稳健性经营而非单纯以盈利为中心，所以日本银行相对而言购买美国的次级债券较少，故直接损失不大。危机发生后其金融机构的收益缩水并不是监管体制的问题，而是与其外贸依存度高以及金融市场、汇率市场均与国际市场一体化程度较高有关。即便如此，日本在危机后还是加强了对流动性风险的监管，通过对金融机构进行日常检查发现潜在问题，并根据金融机构的发展阶段为其提供灵活适宜的控制流动性风险的方法。① 由于货币政策与金融系统的稳定密切相关，在实体经济中注入过多的货币会引起通货膨胀，可能产生资产价格泡沫进而导致金融系统受损，所以在制定货币政策时日本银行也会充分考虑金融系统整体的稳定性，并将其作为中长期因素，在保持物价稳定的基础上重视政策的长期效率，注重中长期风险的控制，从而促进经济长期稳定的发展。但与欧美等国在后危机时代强调加强金融管制有所不同，日本在个别领域延续了金融自由化和综合经营的方向，在实施严格监管的同时采取了针对性的监管措施。② 例如，为鼓励中小企业和商业银行进行金融创新，日本金融厅降低了中小企业贷款的条件和标准，通过财政注资提升金融机构的信贷能力，解决中小企业融资难的问题。

---

① 针对次贷危机所揭示的金融机构资产证券化过度问题，日本金融厅强化了对资产证券产品真实性和相关信息披露的监管。为了确保信息披露的准确性，信用评级机构也被列为监管对象。

② 王爱俭、牛凯龙：《次贷危机与日本金融监管改革：实践与启示》，《国际金融研究》2010 年第 1 期，第 68 ~ 73 页。

第二节　信贷周期与经济周期关联性检验的逻辑与方法

一　实证方案的逻辑

经过上述总结不难看出，在金融监管上，日本无论是在金融监管机构设计理念和职能安排、金融监管的法律法规制定，还是在金融监管工具的开发上都具备了鲜明的宏观审慎特征，为宏观审慎政策措施的出台和实施奠定了良好的制度环境。那么，日本金融监管逐步向宏观审慎的转变是否真正实现了降低系统性金融风险的目标呢？实际上，近年来检验宏观审慎政策有效性的研究并不鲜见。如 Saurina 和 Jiménez 提出一个逆周期、前瞻性的银行审慎监管模式，可以有效避免经济繁荣期的信贷过度扩张，增强银行系统稳定性；[1] Schularick 和 Taylor 通过研究发现信贷周期自身能够有效预测金融危机，应在宏观审慎监管中加以利用；[2] Sutt 等则评价了爱沙尼亚宏观审慎政策对于信贷周期的调控效果。[3]根据此类文献，完全可以从信贷周期调控的角度来验证宏观审慎监管政策的有效性，其理论依据是：第一，信贷风险是金融系统性风险的主要源头，尤其是对银行主导型金融体系国家，因此也

---

[1] Saurina, J., Jimenez, G., "Credit Cycles, Credit Risk, and Prudential Regulation", *International Journal of Central Banking*, 2006, pp. 65 – 98.

[2] Schularick, M., Taylor, A. M., "Credit Booms Gone Bust: Monetary Policy, Leverage Cycles, and Financial Crises, 1870 – 2008", *American Economic Review*, 102 (2), 2012, pp. 1029 – 1061.

[3] Sutt, A., Korju, H., Siibak, K., "The Role of Macro-Prudential Policies in the Boom and Adjustment Phase of the Credit Cycle in Estonia", *World Bank Working Paper*, 2011.

是宏观审慎监管的主要对象；第二，信贷周期具有内在的顺周期性；第三，如果宏观审慎监管起到了降低金融系统性风险的作用，信贷周期的顺周期性将得到有效抑制，信贷周期与经济周期的相关性会减弱。通过上述分析可知，日本在 2001 年才正式建立独立的、权责分明的金融监管体系，在 2002 年针对银行坏账问题进行了二战后的第三次金融改革，对银行进行严格的资产审查，降低其系统性风险。考虑到政策的滞后性，本章选择以 2003 年为分界点分阶段考察日本信贷顺周期与经济周期的相关性。归纳现有研究不难发现，在金融监管体制改革的国际经验借鉴上，多数研究都重视欧美国家。而实际情况是，次贷危机源自美国，其金融监管的稳健性由此可见一斑。另外，由于中美两国在经济和金融制度上差异巨大，可借鉴意义也值得商榷。与美国不同，日本在金融结构上与中国更加相似，而且日本的金融系统经过数次金融危机的冲击，稳定性和抵御风险能力已经得到充分检验和肯定。因此，中日对比研究能够揭示更多的启示性信息。

二　实证方法选取

检验信贷周期和经济周期的关联性是评价信贷顺周期性程度的基础。如果信贷周期与经济周期存在显著的正相关关系，说明存在信贷顺周期性，意味着金融监管未能有效控制金融系统性风险；反之，如果两者相关关系不显著或出现负向相关关系，则分别说明信贷顺周期性得到了有效控制或存在信贷逆周期性现象，意味着金融监管通过遏制信贷顺周期性有效降低了系统性金融风险。

1. 经济周期的度量方法

度量经济周期是经济周期同步性研究的基础。然而，在经济周期的定义上存在争议。现有经济周期度量方法可以划分为两大类。

其中，第一类方法认为经济时间序列可以分解为"趋势"（trend）和"周期"（cycle）两种成分，"周期"成分反映了经济周期波动。尽管该经济周期观点已经非常成熟且一度占据主流地位，但在识别和估计"趋势"成分上的意见依然大相径庭。从演化过程来看，早期以 Burns 和 Mitchell 为代表的古典经济周期度量方法主要分析经济活动绝对水平的收缩和扩张，并不分离趋势和周期成分。而随着世界经济持续增长，20 世纪五六十年代的经济周期波动不再体现出绝对水平意义下的古典周期特征。[1] 因此，古典方法逐渐被增长型周期波动研究所取代。不同于古典方法对经济总体水平周期波动的关注，增长型周期方法侧重于讨论增长率周期（growth rate cycle）和增长周期（growth cycle）。其中，前者研究各经济指标的增长率波动状况，后者研究经济指标剔除趋势后的周期成分波动。

为了将 GDP 等时间序列分解成趋势和周期成分，大量研究采用了滤波（filtering）技术。滤波属于非参数统计方法[2]，主要包括 Hodrick 和 Prescott 提出的 HP 滤波[3]、Baxter 和 King[4]、Christiano 和 Fitzgerald[5] 提出的两种 BP 滤波（band-pass Filter）。其中，HP 滤波的应用最为广泛，该方法通过剔除时间序列的低频趋势获得周期成分，几乎成为经济学定量研究中求解趋势成分的标准

[1] Burns, A. F., Mitchell, W. C., "Measuring Business Cycles", New York: National Bureau of Economic Research, 1946.

[2] 时间序列分解的参数方法同样存在，如 Beveridge 和 Nelson（1981）中基于 ARIMA 模型的趋势分解方法，以及 Koopman et al.（1999）提出的不可观测成分模型（Unobserved Components Models）等均属于参数方法。

[3] Hodrick, R. J., Prescott, E. C., "Postwar US Business Cycles: An Empirical Investigation", *Journal of Money, Credit, and Banking*, 1997, pp. 1 – 16.

[4] Baxter, M., King, R. G., "Measuring Business Cycles: Approximate Band-Pass Filters for Economic Time Series", *Review of Economics and Statistics*, 81 (4), 1999, pp. 575 – 593.

[5] Christiano, L., Fitzgerald, T. J., "The Band-pass Filter", *International Economic Review*, 44 (2), 2003, pp. 435 – 465.

方法。实际上各种滤波方法都存在一定缺陷，如 Harvey 和 Jaeger
认为 HP 滤波存在高估两个时间序列周期成分相关性的潜在风
险。[①] 而 BP 滤波作为 HP 滤波的替代，只是理想带通滤波的近似，
与其他移动平均计算类似，会损失样本头尾的一些观测值，不利
于开展方法论之间的比较研究。

　　第二类方法放弃趋势、周期分解的概念，依据时间序列的
"拐点"（turning points）来定义经济周期。基于拐点识别的经济
周期分析近年来在相关研究中的应用日益广泛。此类方法认为，
任何周期的测定与描述首先应分离出时间序列中的拐点，然后再
根据拐点信息划分扩张期和收缩期。基于拐点的经济周期测定方
法分为非参数方法和参数方法两种。前者以 Bry 和 Boschan 提出
的 BB 算法最具代表性；[②] 后者以 Hamilton 提出的马尔可夫转移模
型（Markov Switching，MS 模型）最具代表性。[③]

　　其中，BB 算法被 NBER（National Bureau of Economic Re-
search）不断改进沿用至今。该算法的核心内容之一是定义局部
峰值（谷值），如对月度时间序列 y_t，在任何时间 t 都有 $\{y_t >$
$(<)y_{t\pm k}\}$，$k = 1, \cdots, K$，K 通常取为 5。另外一个重要规则是：一
个阶段必须至少持续 6 个月，一个完整周期必须持续 15 个月。需
要注意的是，增长 Δy_t（即 $y_t - y_{t-1}$）的周期判定也遵循相同规则
集合。根据 BB 算法，当数据频率为季度时，K 设定为 2，有
$\{\Delta_2 y_t > 0, \Delta y_t > 0, \Delta y_{t+1} < 0, \Delta_2 y_{t+2} < 0\}$。其中，$\Delta_2 y_{t+2} = y_{t+2} - y_t$。

---

①　Harvey, A. C., Jaeger, A., "Detrending, Stylised Facts and the Business Cycle", *Jour-
nal of Applied Econometrics*, 8 (3), 1993, pp. 231 – 247.

②　Bry, G., Boschan, C., "Cyclical Analysis of Time Series: Selected Procedures and Com-
puter Programs", New York: NBER, 1971.

③　Hamilton, J. D., "A New Approach to the Economic Analysis of Non-Stationary Time Series
and the Business Cycle", *Econometrica*, 57, 1989, pp. 357 – 384.

这一设定保证了 y_t 是其前后各两个季度的局部最大值。BB 算法的季度频率版本也称作 BBQ，Harding 和 Pagan 给出了改进的 BBQ 算法，完整周期设定为 4 个季度。[1]

MS 模型描述了不同阶段、状态或机制下，经济行为所具有的不同特征和性质，所以 MS 模型又可以称为区制转移模型（Regime Switching，RS 模型）。MS 模型或 RS 模型本质上属于变参数模型，但是与一般时变参数模型有所不同，其主要区别在于 MS 模型中的参数取决于经济所处的状态或区制，而模型中的状态或区制通常由经济理论或经济现实等确定。MS 模型在研究长期经济行为和短期波动行为等方面应用广泛。[2]

对于时间序列 y_t，一个带有马尔可夫区制转移的均值调整过程可以表示为以下 p 阶 M 区制的自回归模型，记为 MS-AR (p)：

$$y_t - \mu(s_t) = \alpha_1(s_t)[y_{t-1} - \mu(s_{t-1})] + \cdots + \alpha_p(s_t)[y_{t-p} - \mu(s_{t-p})] + \mu_t$$

其中，$t = 1, \cdots, T$，误差项服从正态分布，即 $\mu_t \sim NID[0, \sigma^2(s_t)]$。参数转移函数 $\mu(s_t), \alpha_1(s_t), \cdots, \alpha_p(s_t), \sigma^2(s_t)$ 描述了模型参数对不可观测变量 s_t 的依赖。$s_t \in \{1, \cdots, M\}$ 服从一个离散时间和离散状态的马尔可夫随机过程，并可以利用转移概率进行定义：

$$p_{ij} = \Pr(s_{t+1} = j | s_t = i), \quad \sum_{j=1}^{M} p_{ij} = 1 \quad \forall i, j \in \{1, \cdots, M\}$$

各区制持续期 $D(s_t)$ 可利用公式 $D(s_t) = 1/1 - p_{ii}$ 计算。

2. 同步性的度量方法

对同步性的理解同样莫衷一是。在经济学文献中，同步性的

---

① Harding, D., Pagan, A., "Dissecting the Cycle: A Methodological Investigation", *Journal of Monetary Economics*, 49（2），2002a.

② Harding 和 Pagan（2002b）对 NBER 和 MS 模型这两种经济周期度量方法的拐点识别能力进行了效果比较。

概念通常是指经济总量之间的相关性。[1] 因此，在通过上述某一特定经济周期度量方法划分各国经济周期后，绝大多数研究采用同期、非条件的 Pearson 两两相关系数来刻画两国经济周期之间的同步性。该方法应用于同步性度量的局限主要有两点：第一，没有将经济周期的异质性成分和共同联动成分进行分离；第二，只反映同期关系，本质上属于静态方法。另外，使用相关系数度量同步性还存在概念上的问题。从相关系数的统计表达式来看，它不仅反映了经济周期之间的同步性信息，还体现了振幅相关性。例如，Mink 等指出，即使两国同处于经济周期的某一阶段，即完全同步，但由相关系数的计算公式可知，经济周期振幅的差异也会使两个经济周期的相关系数不等于 1。[2] 基于这一分析，为了消除相关系数中的振幅信息，在经济周期识别时，可以考虑用 1 表示经济周期的衰退阶段，用 0 表示繁荣阶段。如此，经济周期序列就转化为由 0 和 1 构成的序列，利用这样的序列计算各经济周期相关系数可以消除振幅信息的干扰，单纯体现同步性。在前述的两大类经济周期识别方法中，基于拐点的经济周期识别方法可以将经济周期转化为 0、1 序列，而趋势、周期分解法以周期成分描述经济周期，无法依靠方法本身将经济周期转化为 0、1 序列，只能采用周期成分之间的简单相关系数来度量经济周期同步性。

为了克服简单相关系数的缺陷，一些研究采用动态相关方法度量经济周期同步性。此类方法无须分解时间序列也无须识别其拐点。其中，以 Den Haan 提出的基于 VAR 预测误差的序列联动

① Barnett, W. A., Dalkir, M. S., "Gains from Synchronization", *Studies in Nonlinear Dynamics and Econometrics*, 11 (1), 2007, p. 1023.

② Mink, M., Jacobs, J. P., De Haan, J., "Measuring Synchronicity and Co-movement of Business Cycles with an Application to the Euro Area", *CESifo Working Paper*, 2007.

性度量方法①和 Croux 等提出的动态相关系数应用最为广泛。② 需要注意的是，在经济周期动态相关的研究中，同步性、收敛性（convergence）和联动性（comovement）几个概念往往同时出现。通常情况下，收敛性和联动性都可以用来反映同步性程度，尤其是动态联动性方法，已经成为经济周期同步性度量的重要手段。③

Den Haan 认为非条件相关系数不仅丢失了变量之间的动态联动信息，而且可能因为变量的非平稳性而导致伪估计问题。该文提出在不同时期水平上考察 VAR 预测误差联动程度的时域（time domain）方法④，通过在 VAR 中纳入滞后变量，呈现时间序列的动态性质。考虑如下两个变量的标准 VAR 模型：

$$\begin{bmatrix} x_t \\ y_t \end{bmatrix} = A_0 = \sum_{i=1}^{p} A_1 \begin{bmatrix} x_{t-i} \\ y_{t-i} \end{bmatrix} + \begin{bmatrix} u_{1t} \\ u_{2t} \end{bmatrix}$$

其中，x_t 和 y_t 为随机变量。A_0 是一个 2×1 常数向量，A_1 是回归系数构成的 2×2 矩阵。u_{1t} 和 u_{2t} 为误差项，且假设不存在序列自相关，但两者之间可以相关。p 为模型的滞后阶数。在 VAR 模型估计之后，可以通过计算两变量向前 k 期预测误差的相关性来判断两变量之间的联动性。该方法的优点在于它既适用于平稳变量，也适用于非平稳变量，且无须事先对变量使用滤波分解。

---

① Den Haan，W.，"The Co-movement Between Output and Prices"，*Journal of Monetary Economics*，46（1），2000，pp. 3 – 30.

② Croux，C.，Forni，M.，Reichlin，L.，"A Measure of the Co-movement for Economic Variables：Theory and Empirics"，*Review of Economics and Statistics*，83（2），2001，pp. 232 – 241.

③ 尽管鲜有文献对上述概念的内涵与度量方法进行系统性辨析，但其联系与差异还是在以下文献中有所提及。其中，同步性和收敛性的差异参见 Koopman 和 Azevedo（2003），同步性和联动性的差异参见 Mink et al.（2007）。

④ 在时间序列分析技术中，存在两种解释时间序列的方法。第一种是直接分析数据随时间变化的结构特征，即所谓时域分析法；另一种方法把时间序列看作互不相关的周期（频率）分量的叠加，利用谱分析揭示时间序列的频域结构，即所谓频域分析法。

与 Den Haan 的时域方法相对应，Croux 等运用频域（frequency domain）方法构建了一个动态相关系数 $\rho_{xy}(\omega)$，定义如下：

$$\rho_{xy}(\omega) = \frac{C_{xy}(\omega)}{\sqrt{S_x(\omega)S_y(\omega)}}$$

其中，x 和 y 是均值为零的随机过程。$S_x(\omega)$ 和 $S_y(\omega)$ 分别是 x 和 y 的谱密度函数，$C_{xy}(\omega)$ 是 x 和 y 的共谱（co-spectrum）。ω 为频率区间，且 $-\pi \leqslant \omega \leqslant \pi$。

动态相关系数的优点在于：①是 -1 到 1 之间的实际值；②其符号反映相关性方向；③便于分别计算不同频带下的相关系数。

表 3-1　经济周期同步性度量的方法论体系

经济周期同步性的度量方法	经济周期度量方法	趋势、周期分解法	古典经济周期：研究绝对水平的收缩和扩张，逐渐被增长型周期方法取代			
			增长型周期方法	非参数法	滤波方法	HP 滤波
						BP 滤波（Baxter-King）
						BP 滤波（Christiano-Fitzgerald）
				参数法	基于 ARIMA 模型的分解方法	
					不可观测成分模型	
		拐点法	非参数方法	BB 算法		
			参数方法	马尔可夫区制转移模型		
	同步性的度量方法	静态方法	简单相关：周期成分的简单相关系数 适用于趋势、周期分解法			
			0-1 相关：将经济周期转化为 0、1 序列，计算简单相关系数 适用于拐点法			
		动态方法	时域方法			
			频域方法			

综上，本章通过表 3 - 1 归纳了经济周期同步性度量的方法论体系。

三　变量与数据说明

选择 GDP 作为测度中国经济周期的基础变量，样本跨度为 1992 年第一季度至 2013 年第三季度，以 1992 年为基期，数据来源于中华人民共和国统计局网站。另外，选择金融机构人民币各项贷款总额作为测度中国信贷周期的基础变量，样本周期为 2000 年第一季度至 2013 年第三季度，数据来源于中经网数据库。对于日本，同样选择 GDP 作为测度经济周期的基础变量，样本周期为 1990 年第二季度至 2013 年第三季度，以 1990 年为基期，数据均来源于中经网数据库；选择日本大型和区域银行贷款及贴现总额作为测度日本信贷周期的基础变量，样本周期为 1991 年第三季度至 2013 年第三季度，数据来源于日本银行。以上数据均采用 Eviews 7.0 提供的 X12 进行了季节调整。HP 滤波和 BBQ 算法采用了原始数据的自然对数序列。

第三节　中国和日本信贷周期与经济周期
关联性的检验结果分析

一　日本的实证结果

1. HP 滤波结果分析

通过 HP 滤波将日本的 GDP 和信贷规模分解为趋势成分和周期成分，平滑参数为 1600。从 HP 滤波图（见图 3 - 1 和图 3 - 2）

可以发现日本的信贷周期波动相对平缓，而日本的经济周期从2005 年至 2009 年波动较大，特别是 2008 年以后经济迅速下滑，这是由于受到次贷危机影响，日本出口市场表现不佳。

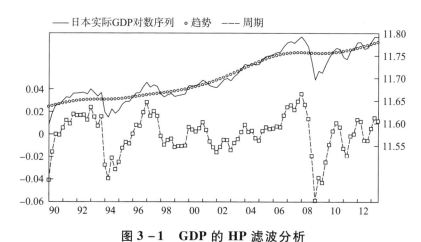

图 3 - 1 GDP 的 HP 滤波分析

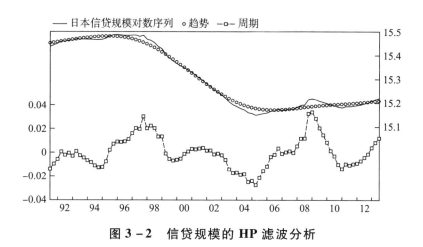

图 3 - 2 信贷规模的 HP 滤波分析

信贷周期和经济周期的相关性通过相关系数来刻画（见表3 - 2）。从表 3 - 2 中可以看出在 1991 年第三季度至 2013 年第三季度期间，日本的信贷周期和经济周期之间呈现统计上的不显著负相关。但以 2003 年作为分界点时，在 1991 年第三季度至 2002

年第四季度期间日本的信贷周期和经济周期呈现显著的正相关性，即信贷周期的顺周期性显著。而在2003年第一季度至2013年第三季度期间日本的信贷周期和经济周期呈现显著的负向相关关系，这意味着日本在这一阶段呈现信贷逆周期现象，即当日本的经济处于繁荣时期，信贷规模呈相对收缩趋势，当日本的经济处于衰退阶段，信贷规模则呈逐步增加趋势。也就是说，HP滤波的结果证明日本宏观审慎监管政策起到了抑制信贷周期顺周期性和降低金融系统性风险的重要作用。

表3-2　日本经济周期和信贷周期的相关性结果

时期	HP 滤波法		BBQ 算法	
	相关系数	p 值	相关系数	p 值
1991 年第三季度至 2013 年第三季度	-0.095	0.37	0.098	0.35
1991 年第三季度至 2002 年第四季度	0.322**	0.02	0.258*	0.08
2003 年第一季度至 2013 年第三季度	-0.355**	0.01	-0.163	0.29

注：** 表示在5%的显著性水平下显著，* 表示在10%的显著性水平下显著。

2. BBQ 算法结果分析

首先通过 BBQ 算法对日本的信贷周期和经济周期阶段进行识别，结果见表3-3。从日本信贷周期的划分来看，在1991年第三季度至2013年第三季度期间共有4段时期处于信贷繁荣期，5段时期处于信贷衰退期。其中1993年的衰退和2009年的衰退分别来自日本经济泡沫破裂和全球金融危机。1997年信贷进入衰退期是由东南亚金融危机引发，此时日本相关机构意识到金融监管的重要性，从1998年开始加大金融监管的力度，防止信贷规模过快膨胀。2002 年日本金融监管体系框架初步建立，但由于政策效果存在时滞性和日本经济复苏缓慢，因此直到 2005 年第三季度日本的信贷才开始进入繁荣期。从日本经济周期来看，日本经济波动相对频繁，在 1990 年第一季度至 2013 年第三季度期间共有 7 段时期处于经济繁荣期，有 6 段时期处于经济衰退期。其中，1993 年的衰退由日本泡沫经济破灭所导致，1997 年进入衰退期是受到东南亚金融危机的影响，2008 年的经济衰退是次贷危机导致日本出口和对外投资受到严重打击的结果，而目前日本经济处于繁荣期主要归功于"安倍经济学"暂时起到了一定的经济刺激作用。

表 3 - 3　日本经济周期和信贷周期时段划分

指标	繁荣期	衰退期
信贷周期	1991 年第三季度至 1993 年第二季度； 1995 年第一季度至 1996 年第一季度； 1997 年第一季度至 1997 年第二季度； 2005 年第三季度至 2009 年第一季度	1993 年第三季度至 1994 年第四季度； 1996 年第二季度至 1996 年第四季度； 1997 年第三季度至 2005 年第二季度； 2009 年第二季度至 2011 年第一季度； 2011 年第二季度至 2013 年第三季度
经济周期	1990 年第一季度至 1993 年第一季度； 1994 年第三季度至 1997 年第一季度； 1998 年第三季度至 2001 年第一季度； 2002 年第二季度至 2008 年第一季度； 2009 年第二季度至 2010 年第三季度； 2011 年第三季度至 2012 年第二季度； 2012 年第四季度至 2013 年第三季度	1993 年第二季度至 1994 年第二季度； 1997 年第二季度至 1998 年第二季度； 2001 年第二季度至 2002 年第一季度； 2008 年第二季度至 2009 年第一季度； 2010 年第四季度至 2011 年第二季度； 2012 年第三季度至 2012 年第三季度

根据表 3 - 3 的周期划分结果，如果某期处于繁荣期，赋值 1，相反则赋值 0，从而得到日本信贷周期和经济周期的 0、1 序列。然后通过两者 0、1 序列的相关系数来考察两者的相关关系。从整个样本区间来看，日本信贷周期和经济周期的相关关系不显著，这与

HP 滤波的结果相似。但是如果进行分阶段考察的话，在 1991 年第三季度至 2002 年第四季度期间日本的信贷周期和经济周期之间呈现显著的正相关关系，即日本信贷表现出明显的顺周期特征，这与 HP 滤波得到的结果一致。从根本上看，商业银行的顺周期行为是一种趋利避害的本能，具有一定合理性，毕竟盈利是商业银行追求的目标，并且信贷双方的信息不对称是银行信贷顺周期性的主要原因。从银行体系的外部来看，微观审慎监管存在进一步加剧银行信贷顺周期性的可能。微观审慎主要针对单个商业银行的经营风险，在危机来临时，银行需要持有更多的资本来应对相关监督机构的监管，增强了惜贷的动机。在 2003 年第一季度至 2013 年第三季度期间，日本的信贷周期和经济周期之间呈负相关关系，但显著性并不高。

3. 稳健性分析

为了保证实证分析结果的稳健性，本章还分别通过基于 VAR 动态误差预测的时域方法和基于谱分析的频域方法再次对日本信贷周期和经济周期的动态相关性进行了检验。其中通过 AIC 准则确定 VAR 模型中的最优滞后阶数，并使用相关系数来反映日本信贷周期和经济周期的相关程度。Den Haan 认为基于向前 1.5 年预测的相关系数可以反映两个变量之间的短期相关程度，而基于向前 4 年预测的相关系数则可以反映两个变量长期的相关程度。由于采用季度数据，故滞后 6 期和滞后 16 期的相关系数分别代表了日本信贷周期和经济周期的短期和长期相关程度。本章仍以 2003 年作为分界点，分别考察了日本信贷周期和经济周期在两个子样本区间的相关关系，结果如图 3 - 3 和图 3 - 4 所示①。

---

① 第一条实线表示基于向前 1.5 年预测的相关系数，对应于短期相关系数；第二条虚线表示基于向前 4 年预测的相关系数，对应于长期相关系数。

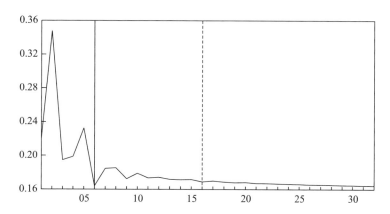

图 3 - 3　基于时域方法的相关系数（1991 年第四季度至
2002 年第四季度）

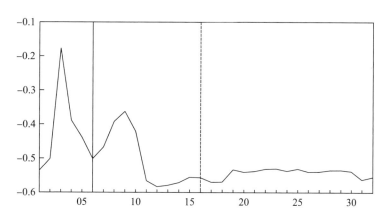

图 3 - 4　基于时域方法的相关系数（2003 年第一季度至
2013 年第三季度）

　　基于谱分析的频域方法主要分析在不同频率下两个变量之间的动态相关系数。本章采用 Bartlett 滞后窗口值，计算了在 [0, π] 的所有频率下两个变量之间的动态相关系数。其中，在 [0, π/3] 和 [0, π/8] 频带下两个周期的动态相关系数分别对应时域分析方法下 1.5 年和 4 年的短期和长期相关性，两个子样本区间的结果如图 3 - 5 和图 3 - 6 所示①。

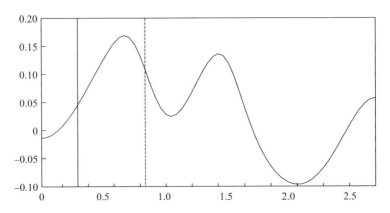

**图 3 - 5　基于频域方法的相关系数（1991 年第四季度至
2002 年第四季度）**

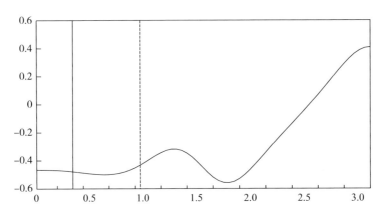

**图 3 - 6　基于频域方法的相关系数（2003 年第一季度至
2013 年第三季度）**

在 1991 年第四季度至 2002 年第四季度期间，基于 VAR 的时域
分析方法显示，滞后 6 期的相关系数为 0.1636，滞后 16 期的相关

---

① 第一条实线表示在 [0, π/8] 时的动态相关系数，对应于短期相关系数；第二条虚线
表示在 [0, π/3] 时的动态相关系数，对应于长期相关系数。

系数为 0. 1686，这表明在这段时期日本的信贷周期和经济周期呈现正相关关系，即存在信贷的顺周期现象①。在相同时期，基于频域方法估计的日本经济周期和信贷周期动态相关系数在频带 $[0, \pi/3]$ 上为 0. 0543，在频带 $[0, \pi/8]$ 上为 0. 0124，同样证明了日本的信贷顺周期性。时域分析和频域分析得到的结果与 HP 滤波法和 BBQ 算法所得出的结果完全一致，说明结论不具有方法论敏感性。并且这两种动态方法还证明了在这段时期无论从短期还是长期来看，日本的信贷顺周期特征始终存在。如前所述，日本经济在这段时期出现了一次又一次的衰退，由于信贷顺周期的存在，日本银行系统势必在经济衰退期间收缩信贷发放规模，在一定程度上抑制了居民消费和经济主体的投资行为，同时经济不景气也使得银行不良贷款规模迅速上升，银行的惜贷行为又进一步恶化了日本的经济衰退并延长了持续时间。

在 2003 年第一季度至 2013 年第三季度期间，基于 VAR 的时域分析方法显示，滞后 6 期的相关系数为 -0. 5014，滞后 16 期的相关系数为 -0. 5573，表明在这段时期日本信贷周期和经济周期呈现显著的负相关关系，即日本出现了信贷逆周期现象②。在相同时期，基于频域方法估计的日本经济周期和信贷周期的动态相关系数在频带 $[0, \pi/3]$ 上为 -0. 4518，在频带 $[0, \pi/8]$ 上为 -0. 4697，同样说明日本的经济周期和信贷周期之间存在显著的负相关关系，无论短期还是长期的结论都与时域分析结果相吻合。两种动态相关方法的结论与 HP 滤波法所得出的结论也完全一致，说明结论不具有方法论敏感性。该结论肯定了日本在 2003

---

① 基于 VAR 的时域方法分析中不包含趋势项，含有常数项。
② 基于 VAR 的时域方法分析中包含一个线性趋势项。

年以来的金融监管改革。从微观审慎监管向宏观审慎监管的渐进性过渡客观上起到了抑制信贷顺周期的效果，确实降低了金融系统性风险向宏观经济的传递。

二 中国的实证结果及分析

1. 实证结果

首先通过 HP 滤波将中国的 GDP 和信贷规模序列分解为周期成分和趋势成分。同样，平滑参数选为 1600。如图 3 - 7 和图 3 - 8 所示，可以看出中国经济在这段时期大约存在 5 个周期，其中第一个周期的波幅最大。进入 21 世纪之后经济波动逐渐变缓，在 2008 年受到全球金融危机的冲击经济下降幅度相对较大，不过随着扩大内需战略的实施，经济又开始逐步升温。在这段时间中国的信贷大约存在两个半大周期，其中第二个完整的周期从 2009 年开始，信贷规模扩张的主要原因是扩张性宏观政策使得银行机构对经济前景持乐观态度，并且愿意为拥有优质信用的地方政府提供信贷支持。该周期从 2011 年后开始进入衰退期，主要原因是中央政府发现地方债务问题存在极大的隐患。根据国家统计局数据，截至 2010 年底，中国地方性债务余额达到 10.7 万亿元，占 GDP 的 33.8%，与日本的 200% 左右和美国的 100% 左右相比，中国政府的债务水平相对较低。即便如此，如果这些债务偿付存在问题，那么银行体系将会面临严重的危机，故银行为了降低不良贷款率而选择收缩信贷规模。

由于近些年中国经济总量和信贷存量均处于高速增长阶段，波动和衰退较少，所以在考察中国信贷周期和经济周期相关性时，采用的是通过 HP 滤波法获得的 GDP 和信贷的周期成分，然后通过 BBQ 算法对变量所处的各个时期进行识别得到 0、1 序

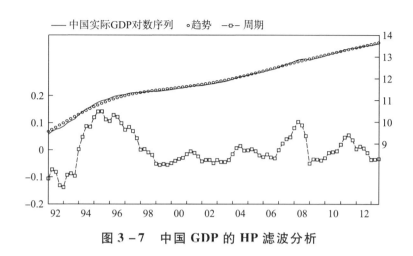

图 3 - 7　中国 GDP 的 HP 滤波分析

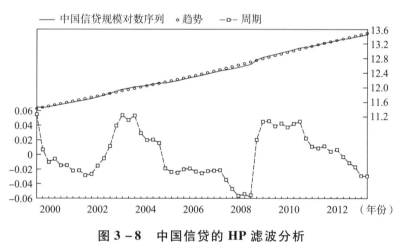

图 3 - 8　中国信贷的 HP 滤波分析

列，其中 1 表示该时期处于衰退期或者低增长时期，0 表示该时期处于繁荣期或者高速增长时期。最后得到两者的 Pearson 相关系数。为能够准确反映中国信贷周期与经济周期的跨期相关性，本章在计算两者相关系数时将经济周期序列的最大滞后期确定为 10 期。从表 3 - 4 中可以看出当期信贷周期和经济周期的相关关系并不显著，而将经济周期滞后 3 期时两者相关系数最高为 0.561，而且非常显著。也就是说，中国信贷周期和经济周期呈现显著的正相关关系，即在这段时期中国存在显著的信贷顺周期现象，并且信贷周期领先经济周期约 3 个季度。可见，在现行金融监管模式下，中国对系统性金融风险的调控效果并不理想。

表 3 – 4　中国信贷周期和经济周期相关性结果

时期	相关系数	P 值	时期	相关系数	P 值
$t - 10$ 期	– 0.268 *	0.074	$t - 4$ 期	0.403 ***	0.003
$t - 9$ 期	– 0.152	0.311	$t - 3$ 期	0.561 ***	0.000
$t - 8$ 期	– 0.041	0.781	$t - 2$ 期	0.459 ***	0.0005
$t - 7$ 期	– 0.026	0.856	$t - 1$ 期	0.359 ***	0.007
$t - 6$ 期	– 0.012	0.929	t 期	0.177	0.194
$t - 5$ 期	0.153	0.287			

注：* 表示 10% 的显著水平，** 表示 5% 的显著水平，*** 表示 1% 的显著水平。

2. 实证结果的机理分析

引起中国信贷顺周期的因素主要分为银行内部因素和外部因素。一方面，从银行自身来看，中国商业银行业的盈利模式比较单一，仍然以利差收入为主，所以贷款意愿比较强烈。与此同时，在退出机制不完善的情况下，国家为银行破产的最后担保人，银行不必担心发生"挤兑"，加之中国经济长期稳定地增长，提高了借贷双方对经济形势的乐观预期，因此，中国银行尤其是国有银行普遍具有内在的贷款"冲动"。即使在央行推出一系列旨在抑制经济过热的宏观调控政策之后，如定向发行央行票据（其目的是对个别贷款增长过快的商业银行实行差别化调控），商业银行仍然可以通过非市场化方式削弱其影响力，这势必导致信贷的顺周期性。①

　　另一方面，从银行的外部环境来看，由于历史原因，中国金融市场的结构不够完善，银行体系相对发达，而高储蓄率和投资拉动型经济增长模式导致中国银行信贷资金的供给和需求均能得到充分保证，强化了经济增长对信贷规模的依赖，促成了信贷周期与经济周期的正向关联。同时，微观审慎监管模式进一步加剧了信贷顺周期现象。作为巴塞尔委员会成员国之一，中国的监管机构主要通过资本金要求和贷款损失拨备等方法来遵守《巴塞尔协议》，不过当经济陷入低迷时，企业的贷款违约率上升，银行的贷款损失会增加，这本身就会导致银行减少信贷供给，但此时银行需要计提贷款损失拨备从而进一步减少银行的可用资本，加剧银行缩减信贷规模。与之相对应的是，当经济处于上行时期，银行会减少贷款损失拨备使得银行资本充足从而增加银行的信贷供给。目前中国现行的金融监管体系以微观审慎监管为主，注重对单个金融机构的风险监管，与以控制通货膨胀为目标的货币政策相辅，共同维护金融体系的稳定。但是由于合成谬误的存在，控制住单个金融机构的风险并不能够保证整个金融体系的稳定，这种监管方式往往会忽略顺周期性所带来的系统性风险聚集，为金融危机埋下隐患。另外，金融全球化使得世界各国金融机构之间的相互联系加强，这在加快信息传导的同时加速了危机的传导，扩大了金融体系的共同风险敞口。

　　随着近年金融业的快速发展，金融体系的系统性风险已经不容忽视。一方面，中国目前已经出现了金融业混业经营的事实，

---

　　① 赵振全、于震、刘淼：《金融加速器效应在中国存在吗》，《经济研究》2007 年第 6 期，第 27～38 页。

银行业、保险业和证券业等通过不同方式实施混合经营已经得到了相关监管机构的默许，但是中国现行的监管体系依旧是分业监管，这种混业经营在使中国金融市场趋于同质化的同时，会产生一些监管区域的真空和重叠，未被及时监控的业务极有可能诱发系统性风险，因此混业经营在一定程度上会加剧金融体系的不稳定性，不利于经济的健康发展。另一方面，随着时代的发展和科技的进步，金融创新产品层出不穷，特别是互联网金融，作为近年金融界的热点，其发展十分迅猛，如阿里巴巴的"余额宝"、苏宁的"零钱宝"、百度的"百发"等，其高额年化收益率对传统商业银行提出了严峻挑战。不可否认的是，这有利于打破金融行业的垄断，降低银行业的高额利润，加快自由经济的步伐，但是在新兴的市场上往往鱼龙混杂，原本国内针对互联网的监管就处于起步状态，而对互联网金融更是缺乏相应的监管。其中很多不确定因素都给消费者带来了隐患，并且新兴的金融产品使得准确预估系统性风险变得更加艰难，这不利于有效控制金融体系的系统性风险。面对中国金融体系的潜在隐患，中国有必要改进监管体系，加强审慎监管特别是宏观审慎监管，检测流动性风险，控制系统性风险，保证金融体系快速高效地发展。

第四节　基于中日宏观审慎监管政策效果
比较的经验借鉴

　　面对泡沫经济破灭和东南亚金融危机的双重打击，日本在1998年正式拉开金融监管改革的序幕，直至2002年的金融再生计划，日本一直处于宏观审慎监管实践的前沿。为了降低金融体系的系统性风险，预防危机的发生，日本金融监管部门充分利用市场信息提高对金融体系风险的监测频率，同时加强与其他宏观政策的相互协调。实证结果表明，日本基于逆周期的宏观审慎监管政策在抑制金融顺周期性和降低金融系统性风险过程中发挥了重要作用。总结日本金融体制改革的路径和举措，可以为中国制定宏观审慎监管政策提供诸多经验。

首先，日本宏观审慎监管的政策效果表明，宏观审慎监管无论在理论上还是实践中都具备有效抑制系统性金融风险、防止金融风险向实体经济传导的积极作用。中国正处在金融业高速发展和对外开放的关键时期，还面临金融监管滞后于金融自由化步伐、金融体系整体抵御风险能力偏弱等诸多问题①。因此，在总体战略上，中国不仅应对宏观审慎给予充分重视，还要通过切实可行的金融改革推动其深入落实。应在借鉴国际成功经验的基础上，进一步构建"中国特色"的宏观审慎政策框架，包括建立健全相应管理机构，通过法律法规明确各管理机构职能和相互协调机制，以及不断完善科学化的管理手段与工具。

其次，中国应调整金融监管机构设置，使之更加适应宏观审慎监管目标的实现。从日本经验来看，金融监管的核心执行部门是金融厅，货币政策的制定权和执行权则属于日本银行。表面上看，日本银行虽然不兼负金融监管职能，但缺乏对金融业运行状况的把握来行使货币政策职能显然并不现实。因此，日本银行实际上承担了一部分金融风险管理的职责。为了在机构分治的组织架构下保证宏观审慎政策制定和实施的协调性，日本成立了专门

---

① 2011 年 11 月国际货币基金组织和世界银行在《中国金融体系稳定评估报告》和《中国金融部门评估报告》报告中指出："中国的金融体系总体稳健，但脆弱性正在逐渐增加。"

的政策协调委员会。与日本不同，中国实行"一行三会"的金融监管模式，即以中国人民银行为核心，由银监会、保监会和证监会3个行业协会负责对各自行业进行宏观监管。在2009年央行货币委员会首次提出"要将宏观审慎管理制度纳入宏观调控政策框架"之后，直到2013年8月国务院批复同意建立由中国人民银行牵头，银监会、证监会、保监会和外汇局参加的金融监管协调部级联席会议制度之前，宏观审慎监管政策的实质领导和协调部门是国务院，而宏观审慎监管的内涵和目标决定了宏观审慎政策需要各部门的统一决策和统筹运作。由此可知，这一期间的宏观审慎监管落实得并不理想。如今，金融监管协调部级联席会议制度虽然在一定程度上协调了各监管机构，但从长远来看，金融业的混业经营模式是大势所趋，未来各金融行业间的交叉业务将极易导致分部门监管模式出现监管真空问题，不利于金融系统稳定性和金融监管。在这种情况下，中国由金融分业监管向统一监管模式转变凸显出"两全其美"的改革效益和前景①。"一行一会"既能够顺应金融业混业经营的监管需要，还可以通过减少金融监管协调联席会的成员提高机构间协调效率，满足宏观审慎监管的需求。

再次，中国应加快修订和完善宏观审慎监管的相关法律法规以明晰各监管部门的职能，形成部门间的制度性协调与信息共享机制，以及适应宏观审慎监管实践的动态发展。如前所述，日本银行与日本金融厅存在对银行机构事实上的双重监管。因此，为了明确各自职责与促进彼此合作，《日本银行法》第44条规定："日本银行可与金融机构签订协议以开展现场检查，检查对象是

---

① 与本章持同样观点，曹凤岐（2013）认为机构改革可以更加适应金融业的混业经营。

在日本银行开立经常账户的金融机构。"据此，在法律上赋予日本银行督促和指导金融机构并对其经营风险进行有效管理的职能和权力。同时还规定："应金融厅官员要求，日本银行应向金融厅出示检查结果并允许金融厅人员查阅相关资料。"据此，在法律上鼓励机构间进行信息互换。再如，为了加强对"影子银行"的监管，规避其快速发展和高杠杆操作带来的系统性风险，日本相继出台了《金融商品交易法修正案》《对主要银行综合监管原则的部分修正案》《金融商品交易业内阁府令修正案》等一系列针对性法案，通过加大对信用评级机构和场外衍生品交易的监管力度、完善银行管理薪酬体制、严明金融机构证券化资产的信息披露制度等措施，强化对非银行借贷金融机构的监管。

与日本由金融厅担当宏观审慎监管的主导部门不同，在中国中国人民银行是宏观审慎监管的核心，这符合当前国际社会将宏观审慎监管权力授予中央银行的普遍观点和做法。遗憾的是，虽然依据《中国人民银行法》和《中国人民银行主要职责内设机构和人员编制规定》，中国人民银行已经在法律上具有维护金融稳定的职责，却没有任何相关法律法规对宏观审慎监管的权责进行明确分配。也就是说，中国人民银行在宏观审慎监管上仍缺乏法律法层面的具体权限。另外，从监管的范围来看，中国人民银行的金融监管权主要体现在《商业银行法》所赋予的对银行业金融机构的监管，并没有覆盖所有的金融市场、金融产品和金融机构。因此，在面对"影子银行"这类非传统金融机构及其金融衍生品时，就会出现监管负责机构和相关法律依据的双重缺失问题，根本无法满足对系统性风险进行监控的要求。同时，金融监管协调部级联席会议制度属于非日常性议事机制，不仅无法及时处置相关监管问题，其政策制定的权威性和执行过程中的约束机制也没有法律层面的保障，监管效率的不确定性较强。综上，应当借鉴国际通行做法，修改《中国人民银行法》，在其中增加关于中国人民银行履行宏观审慎监管职能的条文规定。具体包括：将中国人民银行确立为宏观审慎监管的主体，授予其宏观审慎监管的法定权限，扩大中国人民银行的监管范围和权限，使其能够监控系统性风险，对系统重要性金融机构进行监督管理，必要时可以考虑在中国人民银行内部成立附属于中央银行的审慎监管局。除了宏观审慎监管主体的法律确认问题，监管工具的法律支持同样缺乏。例如，差别存款准备金动态调整制度和社会融资规模监测等宏观审慎性监管工具的出台，有效制约了资本充足率不足且资产质量较差的商业银行进行盲目信贷扩张，但到目前为止这些监管工具还没有上升到法律层面。

最后，中国应在定期分析和评估金融系统稳定性风险的基础上，结合自身经济金融环境特点，不断创新和科学运用宏观审慎工具，完善工具实施细则，增强政策实效性。日本金融厅和日本银行非常重视对金融系统稳健性的跟踪测评，同时金融系统与实体经济之间的风险传导问题也是监测的主要内容。在此过程中，宏观压力测试、金融宏观经济计量模型和金融系统失衡指标等创新性风险识别方法陆续涌现，保证了宏观审慎监管的效率和质量。另外，日本银行特别强调宏观和微观审慎监管的有机结合。日本银行将对单个金融机构现场检查或非现场监管得到的微观信息与宏观经济金融信息结合在一起，综合评估金融系统性风险。既考虑到了金融机构个体的稳健状况，也分析了其引发系统性风险的概率和影响程度。

与日本相比，中国宏观审慎监管还处于探索阶段，监管工具的创新相对匮乏可以理解。因此，实行阶段性的"拿来主义"不失为良策。但对具体工具的运用还需要根据实际国情进行"本土化"。以动态拨备制度为例,中国实际上同时借鉴了西班牙2000年和2005年颁布的两个版本的动态拨备经验,但对拨备规模上限尚未做出制度上的规定①。截至2013年9月,虽然动态拨备制度仅正式推行一年有余,但是贷款拨备率已经达到创纪录的2.3%,同时拨备覆盖率已经达到287%②,且拨备占总贷款比例和拨备覆盖率这两个指标仍然在进一步上升。同时,考虑到进一步开放金融市场的愿望强烈,对拨备的无限制计提势必会影响到金融业的经营环境。正如EBF(2011)指出的,如何设定适度的审慎监管力度使得金融稳定的同时又不遏制经济增长是一个两难问题。可见,宏观审慎监管工具实施的规则优化和效果评价是保证宏观审慎监管有效性和适度性的重要环节。

---

① 动态拨备作为前瞻性和逆周期性的拨备计提方法,能够有效抑制传统静态拨备制度下银行信贷和拨备提取的顺周期行为,是为数不多已在国际上形成共识并得到广泛应用的宏观审慎监管工具之一。

② 数据来自中国银行业监督管理委员会。

第四章
动态拨备工具的应用效果评价

　　从会计角度来理解，拨备是会计准则中准确反映企业盈利能力以及当期经营成果的重要工具。但对于银行监管者而言，拨备是防范信用风险的重要工具，与资本的差异在于拨备用于抵补贷款的预期风险损失，而资本用于抵补非预期损失。长期以来被广泛应用的传统拨备制度以维护单个金融机构财务健康为目的，带有明显的微观审慎色彩，这造成了其本身的顺周期性，客观上加剧了金融系统的波动。2008年金融危机的爆发深刻暴露了根据"已发生损失模型"计提贷款损失拨备制度的缺陷，各国的会计准则制定者、金融监管机构以及市场中的参与主体开始意识到以西班牙拨备制度为代表的、具有逆周期特征的"动态"拨备制度可以弥补其不足，至此，动态拨备制度在全世界范围内被广泛采用。动态拨备制度作为宏观审慎工具框架中的重要组成部分，是践行宏观审慎监管理念的典型代表。其核心是在进行拨备计提时保证具有充足的前瞻性及逆经济周期特征，从而作为一种"以丰补歉"的机制弱化拨备和信贷行为的周期性特征。[①] 相对于传统拨备制度，动态拨备制度是站在一个完整周期的角度分散拨备计提，在保证金融企业持有足够准备金的同时，以求起到弱化传统拨备顺周期性的作用，在周期内具有相对恒定和平稳的特点。

众所周知，商业银行一直在中国金融业居于主导地位，这种金融结构的特殊性决定了监管部门对拨备制度高度重视。实施动态拨备制度之前，中国银行业金融机构在计提贷款准备时需要综合考虑新企业会计准则、贷款损失准备计提管理规定以及拨备覆盖率监管要求。在这三方面的政策规定中，按照会计准则计提的贷款拨备具有顺周期性特征；银监会 2002 年颁布的《银行贷款损失准备计提指引》和财政部 2005 年发布的《金融企业呆账准备计提管理办法》两者总体是要求商业银行依据贷款五级分类标准计提贷款损失拨备，同样具有顺周期性；只有拨备覆盖率指标是监管部门根据经济变化形势进行调整的，显现出一定的逆周期特征。但是该指标主要依据的是不良贷款率，未将正常贷款风险考虑在内，而且没有明确的模型来确定这一指标的准确性，不能保证这一指标能够完全消除拨备计提的顺周期性。全球金融危机爆发之后，中国顺应国际金融监管规则和理念，自 2008 年便开始探索动态拨备的适用性和可行性，随后在 2010 年加快了动态拨备制度的建设步伐，并在 2011 年通过颁布《商业银行贷款损失准备管理办法》（下称《管理办法》），正式建立了动态拨备制度。然而，中国的动态拨备制度仍处于初步建设阶段，实施周期较短，实施效果还有待于科学评价。

国外对动态拨备制度的相关研究开展较早，由于数据积累相

[①] 李怀珍：《银行业动态拨备制度研究》，《金融监管研究》2012 年第 2 期，第 44~57 页。

对丰富，因此评价制度实施效果的文献也较多。例如，Jiménez 和 Saurina 以西班牙二次修订版本的动态拨备制度为研究对象，采用广义矩估计法分析了信贷过度增长与信用风险之间的关系，并据此评价西班牙动态拨备制度在其中的作用，研究表明西班牙动态拨备制度能够抑制信贷过快增长，有助于银行业稳定。[1] Fernández 和 García-Herrero 在总结西班牙动态拨备制度实施经验的基础上，利用已有数据对西班牙信贷周期在动态拨备制度实施前后的变动情况进行对比分析，研究结果表明西班牙在引入动态拨备制度后，拨备体系的顺周期性明显降低。[2] Balla 和 Mckenna 分析了动态拨备制度的引入对经济危机发生期间美国银行业的意义，研究表明美国动态拨备制度发挥了减轻银行业周期波动程度的积极作用。[3]

中国对动态拨备制度的研究主要集中在理解动态拨备制度、总结国外实践经验、探讨引入动态拨备制度的合理性以及动态拨备制度相关指标设定的合理性方面。例如，银监会财会部动态拨备课题组等从理论和实践两个层面对西班牙动态拨备模型进行了深入研究，并对如何在中国银行业实施动态拨备模型进行了制度设计。[4] 徐明东和肖宏基于预期损失模型分析了动态贷款损失拨备规则的作用机制，并总结了西班牙实施动态拨备规则的模式和实施效果。研究认为可以适时改革和推出符合中国国情的银行业

---

[1] Jiménez, G., Saurina, J., "Credit Cycles, Credit Risk, and Prudential Regulation", *International Journal of Central Banking*, 2 (2), 2006, pp. 65 – 98.

[2] Fernández, S., García-Herrero, A., "The Spanish Approach. Dynamic Provisioning and other Tools", *BBVA Economic Research Department Working Paper*, 2009.

[3] Balla, E., McKenna, A. B., "Dynamic Provisioning: A Countercyclical Tool for Loan Loss Reserves", *Economic Quarterly*, 95 (4), 2009, pp. 383 – 418.

[4] 银监会财会部动态拨备课题组、李怀珍、胡永康、司振强：《动态拨备在中国银行业的实施研究》，《中国金融家》2010 年第 8 期，第 142 ~ 151 页。

前瞻性拨备制度。[1] 李怀珍全面阐释了动态拨备制度对于银行监管的积极意义，并介绍了具有中国特色的动态拨备制度体系及其设置，最后简要说明了制度实施的良好效果。[2] 黄锐等利用动态随机一般均衡模型在理论上讨论了前瞻性拨备规则及后顾性拨备规则与经济波动之间的相互作用。[3] 段丙蕾和陈冠霖从经济"新常态"对动态拨备制度的影响入手，通过指标数据进一步分析了动态拨备制度的实施现状，发现存在拨备覆盖率监管标准较大、贷款拨备率尚未达标等一系列问题，并提出完善监管标准动态调整机制等相关建议。[4]

综合已有文献可知，国内学者对于动态拨备制度较早的研究侧重于讨论对国际成功经验的吸收和借鉴，随后的研究则侧重于讨论中国引入动态拨备制度的可行性及面临的问题，鲜见对制度本身整体实施效果的评价，为后续的研究提供了空间。

第一节　中国动态拨备制度的基本框架与国际比较

一　拨备的基本标准与设置

《管理办法》明确规定，银行业监管机构设置贷款拨备率和

---

① 徐明东、肖宏：《动态拨备规则的西班牙经验及其在中国实施的可行性分析》，《财经研究》2010 年第 10 期，第 37～47 页。

② 李怀珍：《银行业动态拨备制度研究》，《金融监管研究》2012 年第 2 期，第 44～57 页。

③ 黄锐、蒋海、黄剑：《动态拨备、金融风险与经济周期——基于 DSGE 模型的分析》，《现代财经》2014 年第 2 期，第 29～41 页。

④ 段丙蕾、陈冠霖：《新常态下中国商业银行动态拨备制度分析》，《新金融》2016 年第 6 期，第 59～62 页。

拨备覆盖率指标考核商业银行贷款损失准备的充足性[①]。贷款拨备率的基本标准为 2.5%，拨备覆盖率的基本标准为 150%。两项标准中较高者为商业银行贷款损失准备的监管标准[②]。贷款拨备率的标准设定为 2.5%，主要考虑了以下三个因素。一是中国银行贷款历史损失率。国际经验表明，跨周期的历史损失数据可以作为判定贷款未来预期损失的基础。运用中国资产管理公司 2008 年以前不良贷款现金回收数据对贷款损失率的测算表明，中国商业银行贷款历史损失率约为 3%，确定拨备率为 2.5% 的监管指标有充足的经验数据支持。二是中国银行业未来风险状况。金融危机以来中国信贷投放呈现爆发式增长，与此同时，政府融资平台、房地产等贷款的潜在风险不断积累。此外，影响贷款质量的不利因素在增加，如经济发展模式转变、经济结构调整等因素都将影响到贷款质量的变化。三是中国银行业的现实财务承受能力。金融危机以来，中国银行业在国际上一枝独秀，资产规模和盈利能力呈现快速增长的态势，资本充足率也处在较高的水平，国际竞争力明显提升，能够在相当大程度上支撑贷款拨备率的进一步提高。

中国动态拨备制度实行贷款拨备率和拨备覆盖率相结合，主要原因是：拨备率强调所有拨备计提的共性，是根据贷款历史平均损失率确定拨备计提要求，对正常贷款拨备计提作用更大，也是新拨备监管制度前瞻性的重要表现。而拨备覆盖率更加强调对不良贷款损失的弥补，因而对不良贷款拨备计提的作用更大。当商业银行不良率较高时，拨备覆盖率将最终决定拨备的计提水

---

① 拨备覆盖率 = 贷款损失准备/不良贷款余额；贷款拨备率 = 拨备覆盖率×不良贷款率
② 贷款拨备率 = 贷款损失准备/贷款余额。

平。因而，拨备覆盖率与拨备率相互结合、互为补充，能够有效减少实践中拨备覆盖率奇高而贷款拨备率相对不足的现象，对于不同水平商业银行的拨备计提均起到了有效的约束作用。

二　拨备的动态调整机理

根据《管理办法》规定，拨备指标的监管标准并不固定，也不是一直维持在某一比例水平上，监管部门可根据商业银行的整体经营状况以及单个商业银行贷款结构的不同进行灵活调整，从而体现出动态拨备制度的动态性特征。具体来说，监管标准的动态性主要体现在以下两个方面。一是以经济周期的发展阶段为依据对拨备监管指标进行动态调整。在经济周期的不同阶段，实施不同的监管指标比例。例如，在经济繁荣时可适度提高监管标准，多积累动态拨备；在经济衰退时适当地调低监管标准，释放经济上行期积累的动态拨备，以提高拨备计提的顺周期特征。这其中最重要的就是如何判断经济周期的变化，判断经济周期所需要的因素包括宏观经济政策、产业政策、商业银行整体贷款分类偏离度、贷款损失变化趋势等。二是对单家金融机构的拨备监管指标实施差异化监管。例如，根据单家商业银行的信用风险状况实施不同程度的监管。对信用风险小的银行可适当降低监管标准，反之则提高拨备监管指标标准[①]。此外，拨备覆盖率和贷款拨备率指标要求在体现动态性调整的基础上保持相对稳定，不随经济周期和贷款质量的变化而出现大幅度的升高或降低，从而更好地发挥"稳定器"的作用。

---

① 商业银行的业务特点、贷款质量、信用风险管理、贷款分类的分离程度、呆账核销均是判断微观商业银行主体信用风险大小的主要因素。

综上所述，中国目前的动态拨备制度简单明了，易于理解，而且具有很强的操作性。通过贷款拨备率以及拨备覆盖率指标的搭配使用和相互制约，在较好体现拨备计提动态性的同时保证了拨备计提广泛的覆盖面。作为宏观审慎监管政策的重要工具与实践应用，中国动态拨备制度的设定与宏观审慎监管要求高度契合。首先，当前动态拨备制度从银行监管角度出发，是银行监管部门对商业银行提出的一种强制性监管要求，体现了监管部门的重要决策。其次，从拨备数量上来看，按照当前拨备制度监管要求计提的数量远在按会计准则提取的数量之上。因此，商业银行的风险抵御能力大大提高，更加符合宏观审慎监管的理念要求。最后，当前的动态拨备制度根据监管指标要求，贷款拨备率的计算不再依据贷款质量而是依据全部的信贷规模，从而避免了不良贷款的周期性变化对动态拨备的影响，在一定程度上体现了逆周期特征。

三　中国动态拨备模式与国际动态模式的比较分析

动态拨备的实施或是以规则为导向，或是依据监管机构的相机抉择，或是将两者相结合。一些走在动态拨备制度实践前沿的代表性国家如西班牙、乌拉圭、秘鲁和玻利维亚的动态拨备在提取机制上均以客观指标为依据，用明确的规则作为判定的基础，但在计提所依据的变量及动态拨备和专项拨备的转化机制上各有不同。一方面，西班牙、乌拉圭的动态拨备计提依据贷款作为计算动态拨备的变量，而秘鲁以 GDP 增长量作为变量。以贷款作为变量可以将动态拨备计提与商业银行紧密联系，而以 GDP 作为变量，则使动态拨备计提与整个经济运行状况密切相连。尽管 GDP 是一个重要的指标，但对于银行来说，其风险程度与自身的信用活动高度相关，也更能体现出不同银行之间的差异性。而且，总体来说，贷款增长要比 GDP 增长更为剧烈，如果将 GDP 作为变量，则不能直观反映贷款增长的波动程度，所计提的拨备也无法有效抵御贷款风险的变化。另一方面，西班牙、乌拉圭等国的动态拨备模型所计提的动态拨备对专项拨备的计提和补偿是自动完成的，动态拨备和专项拨备两者之和相对于贷款余额来说，在经济周期不同阶段大体持平。这主要是因为这些国家对贷款损失的估计是依据跨周期的历史经验数据，而非根据当前的风险确认，因此贷款损失拨备计提相对稳定。而秘鲁、玻利维亚等国家对于动态拨备的计提和补充机制非"全自动"，需要依据监管者判断或者相关的指标来确定，而且贷款损失准备总额不具有相对稳定性。

中国动态拨备制度的建立充分吸收了国外实践经验，但也存在一些结合中国经济特点的设置，具体体现在以下几个方面。一是动态拨备制度的实施机制不同。中国动态拨备制度的实施采取相机抉择模式，而非基于规则。这主要是因为以规则为导向对数据积累以及事前周期校准的要求较高，并不适合中国的实际状况，但以规则为导向是中国动态拨备制度未来建设的目标。另外，在计算拨备所依据的变量选择上，以 GDP 变动情况计提动态拨备并不适用于中国，中国商业银行结构层次较多，中小银行在中国的银行体系中所占比重较大，依据 GDP 指标对规模较小的银行较为不利。基于此，中国更适合将信贷规模作为计算指标，以体现差异化监管。总体上看，中国动态拨备制度具有高度的灵活性，同时，对国家监管机构及监管人员对经济周期的整体把握和判断能力要求较高。二是动态拨备制度的监控指标不同。实施动态拨备制度的主要目标之一是平滑信贷增长。但从上述国际经验来看，秘鲁动态拨备制度的积累和释放与 GDP 挂钩，并没有体现出抑制信贷增长的作用。另外，与西班牙要求商业银行对新增贷款在 0 ~ 2.5% 范围内计提贷款损失准备相比，中国的要求为固定的 2.5%，从抑制信贷增长这一作用来看，中国的动态拨备制度更加合理，也更符合审慎监管的要求。三是对商业银行实行差异化管理。中国动态拨备制度关注存量问题，这一点与秘鲁相似。存量法有利于监管者更为准确地计量准备金总量，从而确定单家银行的准备金计提，并且可以了解银行业总体的准备金计提情况。由于中国经济市场化的时间较短，因此跨经济周期测定贷款损失率的难度高、成本大。对此，中国监管部门考虑到各商业银行起点不一，结合银行自身的情况安排了过渡期，采用计算动态准备的余额模式。

第二节　动态拨备制度在中国的应用及效果检验

在《规划》颁布的基础上，银监会于 2011 年 5 月发布了《中国银行业实施新监管标准指导意见》，正式将动态拨备工具作为金融监管领域的四大重要监管工具之一，确定了动态拨备工具在宏观审慎监管中的地位，并提出建立以贷款拨备率和拨备覆盖率为基本标准、动态调整拨备的构架。2011 年 7 月，银监会正式颁布了《管理办法》，对 2008 年末至 2012 年末出台的一系列针对动态拨备的尝试进行了总结，明确将贷款拨备率不得低于 2.5% 和拨备覆盖率不低于 150% 作为并行的双重标准，按照孰高原则计提贷款损失准备。同时明确了监管部门有权根据具体条件调整贷款损失准备的总体要求，也可以根据具体银行的实际情况进行差别化调整。《管理办法》的颁布标志着中国动态拨备制度正式建立。

　　然而，随着动态拨备制度的不断推进，出现了动态拨备制度与会计准则相冲突的问题。面对这一冲突，调整动态拨备的集体标准使其与会计准则相适应已经成为动态拨备顺畅执行的突破口。2012 年 4 月，财政部颁布了《金融企业准备金计提管理办法》（下称《计提办法》），基于宏观审慎政策的要求，结合西班牙 2000 年和 2005 年的动态拨备管理思路，对之前的动态拨备计提办法进行了改革，明确了动态拨备计提的机制，同时通过将超额计提的拨备计入一般拨备解决了动态拨备监管与会计准则冲突的问题。《计提办法》在动态拨备政策引入方面有两个重要的意义：一是引入了长效的固定机制，二是规定了财政部具有自由裁量权及其参考标准。《计提办法》中通过提高一般拨备占比事实上就是一种对自由裁量权的应用。

　　由于动态拨备制度在中国引入比较晚，相关数据匮乏，不能满足实证研究对数据的要求，本章将参考有限的数据对动态拨备制度在执行前后各方面情况的变化进行简要分析，探讨中国的动态拨备制度在治理金融领域顺周期性过程中的实际效果。图 4 - 1

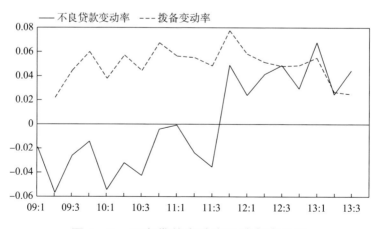

图 4 - 1　不良贷款变动率和拨备变动率

资料来源：中国银行业监督管理委员会。

中，拨备变动率表示当期计提拨备的变化程度，这可以被认为是拨备政策执行情况的一个表现；不良贷款的变动率表示当期不良贷款的变化程度，这一指标反映了当期金融领域信用风险的变化程度。

将拨备变动率和不良贷款变动率结合起来可以发现，虽然2009年6月以来由于中国金融机构拨备的累计计提水平不断提高，拨备变动率一直为正，不良贷款变动率在这个阶段表现出先增后降的特点。但可以发现，拨备变动率的波动与不良贷款变动率的波动在多数情况下存在着明显的同步性。2011年底，不良贷款余额骤增，从9月份的4078亿元增长到12月份的4279亿元，相应的不良贷款变动率从9月份的－3.57%增至12月份的4.92%，增长了8.49个百分点。相应的，根据当时实行的2005年的拨备计提办法，拨备变动率从4.86%增长至7.79%，增长了2.93个百分点。再观察2012年7月动态拨备制度正式引入以后的拨备变动率，不难发现在2012年6月至2013年3月这9个月中，不良贷款变动率波动明显，然而拨备变动率相对平滑得多。尤其是在2013年3月不良贷款的增长比例再创新高，达到了6.82%，比前期增长了3.88个百分点，而同期的拨备变动率为5.53%，仅比前期增长了0.63个百分点。在接下来的2013年6月，由于金融市场环境转好，不良贷款变动率下降了4.35个百分点，而相应的拨备变动率仅下降了2.86个百分点。以上数据分析可以说明，中国引入动态拨备制度以后拨备变动率与不良贷款变动率之间仍然存在着明显的同步性，但动态拨备制度确实对平滑拨备的计提具有显著效果。同时说明，动态拨备制度事实上并不能完全消除拨备制度的顺周期作用，其最大的意义是在于降低了拨备制度的顺周期性。

第三节　完善中国动态拨备制度的政策建议

到目前为止，中国已经开始了引入动态拨备工具的尝试，基于对现有数据的分析可以看出，动态拨备工具在中国的初步运用比较成功，切实有力地降低了原有拨备制度设计带来的顺周期性，缓和了拨备的波动，同时降低了其对金融系统乃至宏观经济的顺周期影响。但中国的动态拨备制度仍存在需要改进的地方，具体如下。

一　设置拨备计提上限

中国实际上同时借鉴了西班牙 2000 年和 2005 年颁布的两个版本的动态拨备的经验，在借鉴已有经验的同时，需要引起重视的是为什么西班牙在 2005 年对动态拨备制度做出修改？其中一个重要的原因是基于西班牙 2000 年颁布的动态拨备制度，如果经济长期持续增长，潜在风险很有可能在很长一段时间内持续高于特殊拨备水平，进而导致拨备的无限计提。

西班牙于 2000 年引入动态拨备制度，由于当时经济正处于一个较长时间的繁荣时期，对拨备计提的动态安排导致其拨备无限制超额累积，拨备规模一直处于快速上升的状态。截至 2004 年西班牙对动态拨备制度实施改革前夕，其贷款拨备率已经达到 2.5%，同时其拨备覆盖率已经接近 500%。如此大量的拨备规模和比例，导致西班牙金融机构面临远高于同处于欧洲的其他国家金融机构的准备金计提负担，在整个欧洲金融领域的开放竞争中处于极为不利的地位。面对这一问题，西班牙在 2005 年对动态拨备制度的改革中对拨备无限制超额计提做出了限制，其做法是在新版动态拨备中增设了动态拨备的提取上限，即拨备规模不得超过各类贷款余额与相应一般拨备系数乘积之和的 125%。事实证明，这一做法行之有效，在 2005 年对动态拨备的改革实行以后贷款总拨备率和拨备覆盖率均开始明显下降。

观察目前中国的数据可以发现，截至 2013 年 9 月，虽然中国的动态拨备制度仅正式推行一年有余，但是贷款拨备率已经达到创纪录的 2.3%，同时拨备覆盖率已经达到 287%。这个数据虽然还没有达到西班牙 2004 年的水平，相关的改革需求尚不迫切，但随着时间的推移和中国动态拨备制度的进一步推进，拨备占总贷款比例和拨备覆盖率这两个指标仍然会进一步上升。同时，考虑到进一步开放中国金融市场的愿望强烈，对拨备的无限制计提势必会影响到中国金融业的经营环境。目前看来，解决这一问题比较有效的做法就是参考西班牙的经验，对拨备规模上限做出制度上的硬性规定。目前可以考虑采用的办法是将拨备规模的上限设计为潜在风险估计值乘以一个固定的系数，如果未来出现拨备过度计提的情况，该上限将被触发并发挥控制拨备规模的作用。

二 规范自由裁量权

前述《计提办法》中明确提出财政部具有调整拨备制度的自由裁量权，可以参考金融企业的不良贷款额、不良贷款率、拨备覆盖率、贷款拨备率、贷款总拨备率等情况，适时对计提一般拨备的风险资产范围、标准风险系数、一般拨备占风险资产的比例要求进行调整。同样，《管理办法》中提出的对贷款拨备率和拨备覆盖率的要求，也可以被视为自由裁量权在中国动态拨备制度中的应用。可以看出中国目前构建动态拨备制度的指导思想是要兼顾固定机制和政府的自由裁量权，这样的做法兼得了两者的优势。从这一点上看，中国的动态拨备与西班牙 2005 年加入上限后的动态拨备制度类似。

但是中国的自由裁量权在动态拨备制度中的应用尚不成熟，这就要求中国在动态拨备制度自由裁量权的设计上明确界定宏观审慎监管与微观审慎监管的区别。例如，从传统的微观审慎监管角度看，在经济下行阶段为增强银行业应对风险的能力，提高对拨备计提的监管要求是合理的。然而站在动态拨备制度的角度看，则应当以整个周期为管理对象，通过降低拨备计提要求释放繁荣时期超额计提的拨备，以降低金融系统的顺周期性，进而实现控制金融系统性风险的目的。应当从制度上明确宏观审慎监管中自由裁量权的目的和任务，这是有效发挥作用的保障。

顺利应用自由裁量权的前提条件是能够通过数据准确判断当前经济所处的周期阶段。西班牙采用贷款损失比例的历史平均水平和特殊拨备在总贷款中所占比例的历史平均水平；哥伦比亚采用贷款组合恶化程度、效率、稳定性和贷款组合的增长这 4 个指标来衡量自由裁量权的介入时机；秘鲁则将 GDP 增长率变化和出现拐点时间作为衡量自由裁量权使用时机的双重指标。相比之下，中国采用的是以一般拨备占风险资产期末余额、贷款拨备率和拨备覆盖率作为监管指标，辅之以不良贷款额、不良贷款率、拨备覆盖率、贷款拨备率、贷款总拨备率等指标的制度。然而，目前中国对这些数据的积累均不能覆盖整个经济周期，所以完善中国相关数据体系是使自由裁量权规范化的当务之急①。

中国的动态拨备制度中没有对自由裁量权进入和退出时机及

---

① 关于"自由裁量权对数据积累的要求"的观点部分参考了巴曙松（2011）。

相关的方式给出明确的政策运用规则。这是规范自由裁量权方面不可或缺的内容，可以借鉴在应用自由裁量权上取得一定成绩的国家，如哥伦比亚和秘鲁。哥伦比亚采取联合指标的办法，即在贷款组合恶化程度、效率、稳定性和贷款组合的增长 4 个指标连续 4 个月均达标的情况下，认为经济处于下行区间，需要改变前期政策。相比之下，秘鲁采取的办法对数据要求较低，将 GDP 增长率及其周期持续时间作为决定自由裁量权进入和退出的标准。哥伦比亚的做法对数据要求较高，不适合中国目前的情况。而秘鲁的做法值得中国借鉴，这种方法的优势在于数据要求容易满足，且从理念上更加符合宏观审慎政策的目标和要求。

三　解决一般拨备计提的不对称性问题

中国的拨备计提制度与西班牙相似，同属于连续性政策。西班牙 2000 年动态拨备制度要求在经济上行阶段通过增提统计拨备积累拨备基金，在经济下行阶段允许金融机构通过计提负的统计拨备来熨平特殊拨备的波动。相比之下，目前中国的动态拨备计提办法中仅提出在经济上行阶段增提一般拨备，而对于经济下行阶段可以不计提一般拨备，对于拨备基金释放的相关事宜尚无具体的应对方法出台。据此，中国目前的动态拨备可以由下式表示：

一般拨备 = max（潜在风险估计值 − 资产减值准备，0）

可以看出中国的一般拨备计提本身具有不对称性，把更多的调控重点放在了应对金融市场过热带来的潜在风险方面，而对于拨备基金在金融市场陷入危机时的缓冲作用重视不足，如何在危机中有效使用拨备基金仍然需要进一步借鉴有益经验。考虑到中国目前主要是借鉴西班牙的动态拨备制度框架，比较容易的办法是借鉴西班牙的动态拨备制度，明确允许通过计提负的一般拨备这一手段来缓解资产减值准备的波动。需要注意的是，由于一般拨备在会计核算中被作为利润分配处理，可以用来弥补亏损，所以在完善拨备基金释放的过程中要明确拨备基金转出的标准，避免金融企业通过一般拨备操控利润。

四　完善非信贷相关领域一般拨备计提制度

根据 2012 年财政部颁布的《计提办法》，一般拨备分为两部分，即信贷相关一般拨备和非信贷相关一般拨备。与其他各国将一般拨备限制在信贷相关领域的做法相比，这种做法在一般拨备的覆盖面方面更加全面。但是目前中国针对非信贷相关一般拨备计提方法的制度安排相对滞后，还局限于笼统要求非信贷相关资产按照资产余额的 1% ~ 1.5% 计提一般拨备，将不同质地的资产按照相近的比例计提一般拨备，显然属于"一刀切"做法。因此，亟须进一步完善非信贷相关领域的一般拨备计提制度。目前，当务之急是建立非信贷相关资产的分级制度，将不同的资产按其质地进行有效区分，保证非信贷相关资产在计提一般拨备的过程中有据可循。

第五章
逆周期资本缓冲工具在中国的
适用性评价

逆周期资本缓冲是针对最低资本充足率，在经济繁荣期增加超额资本充足要求，即动态调整资本充足率，以应对在经济萧条期资本充足率的下滑，也就是让银行在经济上行周期计提资本缓冲，以满足下行周期吸收损失的需要。商业银行在经济萧条期必然伴随不良贷款率的上升，贷款违约的增加又会引发资本充足率的降低，造成商业银行资本充足率达不到法定要求，银行不得不缩减信贷规模，引起市场总投资下降，进一步导致经济形势恶化，逆周期资本缓冲就是在这种正相关关系中引入的负反馈调节机制。

逆周期资本缓冲作为宏观审慎监管的核心工具之一，不仅能有效缓解金融顺周期性，还有助于帮助商业银行降低系统风险累积。但巴塞尔委员会指出，逆周期资本缓冲制度存在的意义不是干预经济周期，它的存在只是纯粹地将风险控制在可控范围内。如何计提逆周期资本缓冲？是采用规则向导还是相机抉择？目前，金融界基本认同先由金融监管部门制定清晰、明确的执行规则；同时，政府根据具体经济形势进行宏观调控，决定是否计提或释放缓冲。但是，由于各国经济形势、发展阶段不同，无法对逆周期资本缓冲计提和释放的具体规则达成共识。对此，巴塞尔委员会广泛收集数据，尽力为各国制定逆周期资本缓冲模型提供指导，委员会建议采用"信贷/GDP"作为挂钩变量，采用 HP 滤波分析法，以其真实值和趋势值之间的偏离度为依据计提逆周期资本缓冲。巴塞尔委员会也明确指出，模型仅为参考，各国还需根据自身国情制定合适的缓冲模型。因此，本章就巴塞尔委员会给出的逆周期资本缓冲模型在中国的实用性问题进行验证，旨在建立更符合中国国情的逆周期资本缓冲模型。

第一节　逆周期资本缓冲工具研究概述

一　逆周期资本缓冲及其计提模型的提出

1974 年联邦德国 Herstatt 银行和美国富兰克林国民银行的倒闭，使监管机构开始全面审视银行监管问题，在经济学家全面深入探讨的基础上，巴塞尔委员会于 1988 年在瑞士出台了《巴塞尔协议 I》，旨在通过规定银行资本充足率，减少各国规定上的数量差异，加强对银行资本和风险资产的监管，强调在计算总资产时要对其进行风险加权。但是，随着金融业的不断发展和金融产品的不断创新，《巴塞尔协议 I》已经不足以应对当下的金融市场，1997 年爆发的东南亚金融危机更是引发了巴塞尔委员会对金融风险的深入思考，2004 年新资本协议在《巴塞尔协议 I》的基础上进一步考虑了市场风险和操作风险，提出了三大支柱，即最低资本要求、监管部门的监督检查和市场约束。《巴塞尔协议Ⅱ》对银行的资本充足率有了更高的要求，并引入了内部评级制度，增加了银行的风险敏感性，放大了金融顺周期性效应。2008年的全球性金融危机，让顺周期性的危害充分暴露出来，再一次引发了金融监管业的变革。2009年4月G20伦敦峰会要求巴塞尔委员会和金融理事会提出应对金融顺周期性的措施。2010年，《巴塞尔协议Ⅲ》发布，协议中首次正式提出了建立逆周期资本缓冲机制，以抵御银行系统在信贷高速增长时期累积的风险，同时发布的《各国监管当局实施逆周期资本缓冲指引》为各国建立逆周期资本缓冲提供了参考。大量实证研究结果表明，巴塞尔委员会建议各国在建立逆周期资本缓冲时，使用"信贷/GDP"作为在经济上行期的挂钩变量。国际清算银行的实证研究也表明，在其所考察的30个国家三大类10项指标中，"信贷/GDP"用于判断经济上行周期和金融危机的效果最佳，因为几乎所有的金融危机在爆发前都经历了银行信贷的高速增长，并且选取"信贷/GDP"作为挂钩变量在一定程度上能预防信贷过度增长给银行造成的损失，也能降低系统性风险的累积。

二 逆周期资本缓冲有效性的检验

Drehmann等通过模拟巴塞尔委员会给出的逆周期资本缓冲模型来测试其对银行信贷的影响，得出模型可以帮助银行在经济繁荣时期减少信贷增长、在经济衰退期缓解对银行的冲击的结论。[1]邹传伟对逆周期资本缓冲的效果进行实证分析，结果表明，逆周

---

[1]　Drehmann, M., Borio, C.E., Gambacorta, L., Jiménez, G., Trucharte, C., "Countercyclical Capital Buffers: Exploring Options", *BIS Working Papers*, 317, 2010.

期资本缓冲有两大效果：一是在降低银行破产概率方面，相当于把银行资本充足率提高 1%；二是消除《巴塞尔协议Ⅱ》对信贷供给约 50% 的顺周期影响。[①] 这也说明，逆周期资本缓冲对于应对顺周期性是有效的，在一定程度上可以预防金融危机的发生。李文泓也提出了利用逆周期资本缓冲、前瞻性的拨备集体制度等逆周期政策工具来缓解顺周期性，但强调金融体系的顺周期性是经济发展的内在特征，任何政策工具只能对其进行缓解，而不能完全消除。[②] 逆周期资本缓冲也存在局限性。例如，Drehmann 等认为，在缓冲积累的速度和规模上作为最优信号变量不一定是释放时机和强度的最优变量，巴塞尔委员会提出的"信贷/GDP"更适合在经济上行期作为计提逆周期资本缓冲的指标。Drehmann 和 Gambacorta 对 63 个国家 46 次危机进行研究后也得出相同的结论。[③]

三　逆周期资本缓冲计提模型在中国适用性的检验

逆周期资本缓冲计提模型在中国的适用性是该领域的热点方向。田宝和周荣较早运用 1992～2012 年广义信贷数据验证逆周期资本缓冲机制在中国的适用性，实证采用巴塞尔委员会建议的平滑系数 HP 单边滤波法来计算信贷/GDP 的趋势值，并将真实值与长期趋势值之间的离差记为偏离度，最后将偏离度转换为逆周期资本缓冲计提比例，在偏离度大于 10% 时计提 2.5% 的缓冲，小

---

① 邹传伟：《对 Basel Ⅲ 逆周期资本缓冲效果的实证分析》，《金融研究》2013 年第 5 期，第 60～72 页。

② 李文泓：《关于宏观审慎监管框架下逆周期政策的探讨》，《金融研究》2009 年第 4 期，第 16～21 页。

③ Drehmann, M., Gambacorta, L., "The Effects of Countercyclical Capital Buffers on Bank Lending", *Applied Economics Letters*, 19 (7), 2012, pp. 603–608.

于 2% 时不计提，在 2% ~ 10% 时随偏离度线性增加。实证结果表明中国需要计提逆周期缓冲资本的阶段主要有三个：1998 年第二季度至 2000 年第二季度，在此期间为了应对亚洲金融危机，中国实施了积极的财政政策和稳健的货币政策，信贷环境宽松，信贷投放大幅增加；2002 年第一季度至 2005 年第一季度，在该期间世界经济逐步回升，中国经济持续升温，增长率节节攀升，同时中国加入的效应初步显现，进出口顺差不断扩大，金融机构信贷投放规模大幅度增加，部分行业和地区出现了局部过热的现象；从 2009 年第二季度开始，为了应对国际金融危机，中国开始实施积极的财政政策和适度宽松的货币政策，信贷投放量快速攀升，金融系统性风险大幅上升，根据巴塞尔的计算规则，需要计提逆周期缓冲资本。"信贷/GDP"指标对于中国信贷增长过快、系统性风险累积的识别是比较准确的，由其计算出的逆周期资本能够较好地保护银行业免受因信贷过度投放带来的累积性系统风险，并在一定程度上降低了监管政策的顺周期性，平滑了经济的周期性波动。[①] 崔婕和沈沛龙认为构建逆周期资本缓冲机制的指标"信贷/GDP"在样本期内的波动与中国银行业信贷波动情况基本一致，可以充分反映在此期间信贷波动的实际情况，是预测中国银行业危机的有效指标。因此，巴塞尔逆周期缓冲资本机制在中国有较好的适用性。[②] 此外，李文泓和罗猛通过研究也得出了类似的结论，认为巴塞尔委员会给出的计提模型在中国具有良好的

[①] 田宝、周荣：《巴塞尔逆周期资本缓冲机制在中国的适用性研究》，《金融监管研究》2012 年第 10 期，第 31 ~ 47 页。

[②] 崔婕、沈沛龙：《商业银行逆周期资本缓冲机制的构建》，《金融论坛》2015 年第 2 期，第 38 ~ 45 页。

适用性。①

四　逆周期资本缓冲计提模型的改进

也有学者对巴塞尔委员会提出的模型持怀疑态度，他们认为将"信贷/GDP"作为挂钩变量并不能真实反映具有中国特色的金融市场。而且近 30 年来，中国经济一直保持在高位上平稳运行，基本没有出现过经济下行阶段，客观上使得我们难以获取完整的经济周期数据，这也使得检验"信贷/GDP"指标的数据并不完整。例如，杨柳等通过实证研究认为中国已出现信贷扩张过速、期限错配和货币错配等问题，建议监管当局建立适合中国国情的逆周期资本缓冲的计提和释放机制，以增强金融体系管理和抵御系统性风险的能力。② 胡建华认为：一方面，"信贷/GDP"指标正处于结构性变化之中，数据非平稳，含义不明确；另一方面，对于"信贷/GDP"指标与经济周期的关系，尚缺乏完整的周期数据进行检验。所以，无法证实"信贷/GDP"指标在中国是否具有较好的适用性。③

对于适用性匹配问题学者们也提出了各自观点。例如，陈忠阳和刘志洋认为，"信贷/GDP"在发达国家和发展中国家存在差异，因为发达国家与发展中国家在金融体系发展程度上存在不同，发达国家有着完整的金融体系和均衡的增长水平，这样真实值与趋势值之间的偏离才标志着资本缓冲的计提和释放，而发展

---

① 李文泓、罗猛：《巴塞尔委员会逆周期资本框架在中国银行业的实证分析》，《国际金融研究》2011 年第 6 期，第 81～87 页。

② 杨柳、李力、韩梦瑶：《逆周期资本缓冲机制在中国金融体系应用的实证研究》，《国际金融研究》2012 年第 5 期，第 34～40 页。

③ 胡建华：《逆周期资本缓冲能否消除中国商业银行顺周期行为？》，《财经问题研究》2013 年第 11 期，第 48～54 页。

中国家由于金融发展的不完善，会进行结构性调整，使得在数据验证上产生偏差，数据不仅包含周期性还包含结构性，不能准确说明资本缓冲的计提时间。[①] Gopinath 和 Choudhary 的研究结果显示，"信贷/GDP"对于发展中国家印度来说同样不适用，用绝对 CDR 和增长 CDR 相结合的指标来代替"信贷/GDP"则更适合印度国情。研究还发现，作为发展中国家的立陶宛、爱沙尼亚和拉脱维亚，在测试"信贷/GDP"和信贷增长两种方法对计提逆周期资本缓冲的影响时，信贷增长更加适合资本计提。[②] 由此可见，中国是最大的发展中国家，处于逐步向发达国家迈进的特殊时期，更加需要设计适合本国国情的计提方式。

对于计提模型的改进，中国学者也提出了部分方案。例如，陈雨露和马勇根据中国国情对三个不同的挂钩变量进行验证，分别为"狭义信贷/GDP"、"广义信贷/GDP"和"社会融资总量/GDP"，希望寻找适合当前形势的挂钩变量。该研究指出，由于中国金融体系在 2002 年和 2006 年先后出现两次显著的结构性变迁，"狭义信贷/GDP"越来越难以反映金融体系的真实信用创造占 GDP 的比重，"广义信贷/GDP"和"社会融资总量"则更能反映真实信用创造，更适合作为挂钩变量。[③] 俞晓龙和夏红芳（2013）也认为，"信贷/GDP"作为中国计提逆周期资本缓冲的指标存在一定的缺陷，并提出了在模型中引入时间因子和调节数值大小的缓释因子进行修正，调整名义 GDP 的新模型更适合中国数据。胡

① 陈忠阳、刘志洋：《Basel III 逆周期资本缓冲机制表现好吗？——基于国际与中国的实证分析》，《吉林大学社会科学学报》2014 年第 3 期，第 48~57、172 页。
② Gopinath, T., Choudhary, A. K., "Countercyclical Capital Buffer Guidance for India", *RBI Working Paper Series*, 2012.
③ 陈雨露、马勇：《中国逆周期资本缓冲的"挂钩变量"选择：一个实证评估》，《教学与研究》2012 年第 12 期，第 5~16 页。

建生等提出用资产价格作为资本缓冲挂钩变量，可将信贷、GDP
与资产价格的线性组合作为计提资本缓冲的变量，这样能够在经
济上行时期在一定程度上抑制信贷和资产价格之间的正反馈。当
经济进入下行阶段，可选择信贷、工业增加值与资产价格组合作为
逆周期资本释放的挂钩变量，以防止经济衰退和资产价格下滑。

五　逆周期资本缓冲的释放

从 BCBS（The Basel Committee on Banking Supervision）《各国
监管当局实施逆周期资本缓冲指引》中所提出的逆周期资本缓冲
机制来看，巴塞尔委员会仅设计了逆周期资本缓冲提取的判断指
标和计提缓冲水平的计算方法，但对逆周期资本缓冲的释放机制
没有给出明确的意见与方法。张小波在给出的逆周期资本缓冲的
计提方法与机制的基础上。借用"3"原则的思想来验证逆周期
资本缓冲的释放机制，计提和释放逆周期资本缓冲时机应该是在
一国信贷高速扩张期与信贷萎缩期。因此，在信贷萎缩期应该对
应着资本缓冲释放期，张小波采用 B－N 趋势周期分解法甄别一
国信贷的扩张期和萎缩期，从而判断资本释放时机。该研究选取
1992 年第一季度至 2013 年第一季度的数据验证释放模型，测算
结果显示，信贷萎缩第一阶段为 1994 年第三季度至 1995 年第四
季度；第二阶段为 2000 年第二季度至 2001 年第四季度；第三阶
段为 2007 年第四季度至 2008 年第四季度，与 BCBS 提取逆周期资
本缓冲的指标及在其基础上所拓展的释放机制情况较为一致，所以
"信贷/GDP"对中国逆周期资本释放也是适合的。[①] Drehmann 等主

---

① 张小波：《逆周期资本缓冲机制的拓展及其在中国的适用性分析》，《国际金融研究》
2014 年第 5 期，第 71～79 页。

张大量释放资本缓冲，因为逐渐释放会减少缓冲的效果。[1] 陈忠阳和刘志洋（2014）则以英国为例说明了逆周期资本缓冲的释放取决于当局的判断。[2]

综上所述，中国逆周期资本缓冲模型还处于探索过程，虽然大部分学者认为以"信贷/GDP"作为挂钩变量的缓冲计提模型适合中国市场，但仍有一部分学者在寻找更加符合当前形势的挂钩变量。

第二节 《巴塞尔协议Ⅲ》 逆周期资本缓冲模型在中国的适用性检验

一 《巴塞尔协议Ⅲ》 逆周期资本缓冲模型

巴塞尔委员会针对"次贷危机"的爆发提出了应对金融顺周期性的新主张，其中最为重要的逆周期政策工具之一就是逆周期资本缓冲。逆周期资本缓冲的调控理念是通过经济繁荣期额外计提的资本弥补经济萧条期信贷余额的不足，以达到平稳经济波动的效果。逆周期资本缓冲的实施并不能完全解决顺周期性问题，只能平缓周期波动，降低经济周期对金融业的冲击，尤其是对信贷市场的冲击。实施逆周期资本缓冲能降低系统性风险积累，将可能出现的金融危机影响规模降低，并将其造成的损失控制在可承受范围内。因此，在制定逆周期资本缓冲制度时，要把握其宏

---

[1] Drehmann, M., Borio, C. E., Gambacorta, L., Jiménez, G., Trucharte, C., "Countercyclical Capital Buffers: Exploring Options", *BIS Working Papers*, 317, 2010.

[2] 陈忠阳、刘志洋：《Basel Ⅲ 逆周期资本缓冲机制表现好吗？——基于国际与中国的实证分析》，《吉林大学社会科学学报》2014 年第 3 期，第 48～57、172 页。

观调控性，不能因其在实际使用中具有减少信贷风险起伏、调整经济规律性波动等正面效益，将逆周期资本缓冲作为调控信贷规模、调整资产价格的政策工具，浪费其在宏观审慎监管中的重要作用。

制定逆周期资本缓冲模型，挂钩变量的选择是其中的重中之重。巴塞尔协会在对多个国家的分析调查中发现，在如 GDP 增长率、信贷增长率、银行利率、债券价格、股票价格、房地产价格、银行利润、信用利差、"信贷/GDP"等众多宏观经济指标中，"信贷/GDP"的表现最为突出，它在预测经济周期波动和信贷规模方面具有很高的准确性，因此，巴塞尔委员会选取其作为逆周期资本缓冲的挂钩变量，并给出与之相对应的转换规则。国际清算银行通过历史上几次经济危机对模型进行验证，认为"信贷/GDP"用于判断经济上行周期和金融危机时期的效果最佳，因为几乎在所有的金融危机发生之前，都会经历一段信贷高速增长的时期。但该变量通过在世界范围内应用各国数据评估得出，对单个国家不具备针对性，因此，各国在制定逆周期资本缓冲模型时，只能参考巴塞尔模型，并根据本国经济发展规模和制度特色制定符合本国国情的逆周期资本缓冲模型。

二　《巴塞尔协议Ⅲ》逆周期资本缓冲计提方法

建立逆周期资本缓冲模型，选取表达它的挂钩变量是关键。大量实证结果表明，巴塞尔委员会最终提出将"信贷/GDP"作为经济上行期的挂钩变量，以其真实值与长期趋势值之间的偏离度作为计提和释放逆周期资本缓冲的依据。长期趋势值采取 HP 滤波方法计算，HP 滤波方法增大经济周期的频率，使经济周期波动减弱，能较好地分解出时间序列的趋势要素。

1. HP 滤波模型

HP 滤波法是广泛应用于宏观经济趋势研究中的一种常用方法，由 Hodrick 和 Prescott 于 1980 年在分析美国二战后的经济景气时首次提出。HP 滤波是一种时间序列在状态空间中的分析方法，相当于对波动方差的极小化，该方法能较好地分解出时间序列的趋势要素。其基础理论是时间序列的谱分析方法，该方法是将时间序列看成不同频率的叠加，HP 滤波就是在这些频率中去掉低频率的部分，分离出高频率的部分。其原理如下。

设 $\{Y_t\}$ 是包含趋势成分和波动成分的经济时间序列，$\{G_t\}$ 是其中含有的趋势成分，$\{C_t\}$ 是其中含有的波动成分。则：

$$Y_t = G_t + C_t \quad t = 1, 2, \cdots, n \tag{1}$$

计算 HP 滤波就是从 $\{Y_t\}$ 中将 G_t 分离出来。一般来说，时间序列 $\{Y_t\}$ 中可观测部分趋势 G_t 常被定义为下面的最小化问题的解：

$$\min \sum_{t=1}^{n} \{ (Yt - Yt^T)^2 + \lambda \sum_{t=1}^{n} [B(L)G_t]^2 \} \tag{2}$$

其中 $B(L)$ 是滞后算子多项式：

$$B(L) = (L^{-1} - 1) - (1 - L) \tag{3}$$

将（3）式代入（2）式中，则 HP 滤波转化为最小化下的损失函数，即：

$$\min \sum_{t=1}^{n} \{ (Yt - G_t)^2 + \lambda \sum_{t=1}^{n} [(G_{t+1} - G_t) - (G_t - G_{t-1})]^2 \} \tag{4}$$

对（4）式中 $Y_t (t = 1, 2, \cdots, n)$ 进行一阶求导，并令导数等于 0，得：

$$G_1 : G_1 = \lambda(G_1 - 2G_2 + G_3)$$

$$G_2 : G_2 = \lambda(-2G_1 + 5G_2 - 4G_3 + G_4)$$

$$\cdots$$

$$G_{n-1} : G_{n-1} = \lambda(G_{n-3} - 4G_{n-2} + 5G_{n-1} - 2G_n)$$

$$G_n : G_n = \lambda(G_{n-2} - 2G_{n-1} + G_n)$$

则 $C = \lambda FG$，其中 F 为 $n \times n$ 阶矩阵：

$$F = \begin{bmatrix} 1 & -2 & 1 & 0 & \cdots & & & 0 \\ -2 & 5 & -4 & 1 & 0 & \cdots & & 0 \\ 1 & -4 & 6 & -4 & 1 & 0 & \cdots & 0 \\ \cdots & & & & & & & \\ \cdots & & & & & & & \\ 0 & & 0 & 1 & -4 & 6 & -4 & 1 \\ 0 & & & 0 & 1 & -4 & 5 & -2 \\ 0 & & & & 0 & 1 & -2 & 1 \end{bmatrix}$$

通过上述公式可得：

$$Y - G = \lambda FG$$

最小化问题用 $[B(L)G_t]^2$ 来调整趋势的变化，并随着 λ 的增大而增大。HP 滤波依赖参数 λ，该参数需要事先给定。λ 是对趋势光滑程度和对原数据拟合程度的一个权衡参数，随着 λ 值的增加，趋势会越趋光滑，当 λ 趋于无穷大时，估计的趋势将接近线性函数，这时，HP 滤波就退化为用最小二乘法估计趋势。

2. 逆周期资本缓冲计算方法分析

逆周期资本缓冲模型计提如下。

首先，计算"信贷/GDP"比率数值，记为 R_t。

$$R_t = (L_t / GDP_t) \times 100\%$$

其中，L_t 为广义信贷数额，GDP_t 为名义国内生产总值。

其次，对 R_t 序列进行 HP 滤波分析，得到 R_t 的长期趋势序列，记为 HPR_t。国际金融监管机构认为 HP 滤波分析法优于长期移动平均法，就其适用范围而言，HP 滤波法是理论界在宏观层面经常采用的研究方法，对一组数据进行归纳分析而导出线性方程，从而预测"信贷/GDP"与该指标长期平均值之间的离差情况。进行 HP 滤波分析时需要赋予不同的平滑因子，一般 HP 滤波季节性因子取值为 1600，但是 Drehmann 等（2010）认为，当因子取值为 400000 时平稳度最好，巴塞尔委员会吸取各方观点，建议采用 $\lambda = 400000$ 的平滑因子。当 $\lambda = 400000$ 时，可以使离差 GAP_t 数值最低。

再次，计算真实值 R_t 与长期趋势值 HPR_t 之差，记为偏离度 GAP_t，$GAP_t = R_t - HPR_t$。

最后，根据 GAP_t 值计提逆周期资本缓冲。按照巴塞尔委员会的要求，当"信贷/GDP"与其长期平均值之间的离差值小于最低限度时，不应计提逆周期资本缓冲，当"信贷/GDP"与其长期平均值之间的偏离度高于最高限度时，计提 2.5% 的逆周期资本缓冲，在这两个限度之间则线性计提。巴塞尔委员会将最低限度定为 2%，最高限度定为 10%。因此，银行计提逆周期资本缓冲占风险资产的比重 VB_t 如下：当 $GAP_t < 2\%$ 时，$VB_t = 0$；当 $GAP_t > 10\%$ 时，$VB_t = 2.5\%$；当 $2\% < GAP_t < 10\%$ 时，线性计提。即：

$$VB_t = \begin{cases} 0 & \text{当 } GAP_t < 2\% \\ \dfrac{GAP_t - 2\%}{10\% - 2\%} \times 2.5\% & \text{当 } 2\% < GAP_t < 10\% \\ 2.5\% & \text{当 } GAP_t > 10\% \end{cases}$$

通常来说，当一国"信贷/GDP"低于长期趋势值时，说明当前经济低迷，系统性风险也较低，可能需要释放逆周期资本缓冲来刺激经济繁荣；而当"信贷/GDP"高于趋势值时，说明经济发展处于上行期，金融系统开始累积系统性风险，这时就需要计提逆周期资本缓冲以应对经济下行时潜在的风险，同时平缓经济波动。为强制银行计提逆周期资本缓冲，监管部门将计提资本缓冲与银行分红挂钩，一旦银行计提的资本缓冲低于要求值，低于的区间越大，银行分红限制就越大，从而保证逆周期资本缓冲机制的实施。

三　《巴塞尔协议Ⅲ》逆周期资本缓冲计提模型的测度与分析

1. 数据的来源与选取

国际清算银行第四号工作文件对众多经济变量进行广泛分析。评估的变量主要可以分为三组：第一组包括宏观经济变量，如 GDP 增长、信贷增长、信贷与国内生产总值的比率与长期趋势的偏离，以及房地产价格与其长期趋势的偏离等；第二组包括银行部门绩效的衡量，如银行利润和损失等；第三组包括资金代理成本，如信用利差等。巴塞尔委员会综合上述分析，得出使用"信贷/GDP"变量计提逆周期资本缓冲。

第一，信贷和资产价格通常与经济周期密切相关，能较好地反映周期变动，而且信用相关变量在计提缓冲上表现较好，特别是"信贷/GDP"在经济上行期表现更佳。

第二，使用信贷和 GDP 比率作为挂钩变量比单独使用 GDP 增长率或信贷增长率更有优势，信贷和 GDP 比率能更大限度地减少信贷需求周期的影响，也能更好地反映长期金融深化趋势。作为比率衡量标准，它比单一变量更为平滑，最大限度地减少了随机波动。

第三，部分偏差测度有助于确定经济增长阶段，但在经济紧张局面出现之前，这些偏差往往趋于狭窄，可能会出现释放缓冲太早的问题。

第四，银行业绩（如税前利润）作为经济良好时期计提逆周期资本缓冲的信号也存在不足。这组变量对本轮金融危机中的美国和英国，以及20世纪90年代初的西班牙非常有效，但除此之外表现并不理想。西班牙的近期经验表明，表现不佳的根源是会计实务的变化以及动态调控制度的引入。

第五，信贷利差在本轮危机中表现良好，远低于其长期趋势的平均水平，并随着经济压力的出现迅速上涨。但从美国经济数据来看，信贷利差在多个经济周期中表现不佳。

综上，用信贷与GDP的比率与其长期趋势之差计提逆周期资本缓冲，是所有考虑变量范围内表现最好的指标，是实现宏观审慎目标、防止信贷过度增长和保护银行部门的最优选择。

在信贷和GDP数据的选取上，巴塞尔委员会建议采用广义信贷余额和名义GDP。广义信贷将涵盖所有应用于私人部门的借贷资金，包含国外筹集资金。在理想情况下，广义信贷应扩展至家庭和其他非金融机构，这意味着它应该包括国内外银行和国内外非银行金融机构，以及国内外所有私人部门的信贷。更广范围的信贷可以防止将计提逆周期资本缓冲视为通过对非银行金融部门提供的信贷来惩罚商业银行，也可以防止银行信贷受到限制后，将信贷供给转移到金融系统的其他部分上，影响缓冲的准确计提。除上述理由外，实证分析也表明，作为银行部门压力的预测指标，宽泛的信贷定义比狭义的定义表现得更好。因此，选取广义信贷与名义GDP比率来计提逆周期资本缓冲。

由于中国家庭私人信贷并不发达，市场上信贷主要源自金融机构，因此本章选取金融机构本外币信贷资金运用下的各项贷款作为广义信贷余额，其中包括境内贷款，如短期贷款、中长期贷

款、融资租赁、票据融资、各项垫款，以及境外贷款。GDP 数据
选取季度名义 GDP 数据，为了使数据与信贷数据具有可比性，本
章参考李文泓和罗猛研究中的方法对季度 GDP 数据进行折算调
整。[①] 折算方法为：将每一季度 GDP 数据均视为该年度最后一季
度数据，将其与前三个季度数据相加即得到年化数据。数据时间
选取 2002 ~ 2016 年各个季度的信贷余额和国内生产总值，共 60
组数据。本章使用中国人民银行发布的金融机构人民币各项贷款
总额作为广义信贷余额。以上数据来源于中国人民银行官网和中
国统计局。数据的整理和分析在 Excel 和 Eviews 软件中完成。

2. 测度结果

根据前文所述的计算方法，计算信贷/GDP、信贷/GDP 的长
期趋势值及两者之间的偏离度，计算过程在 Eviews 软件中完成，
结果在 Excel 中整理。结果如图 5 - 1 所示。

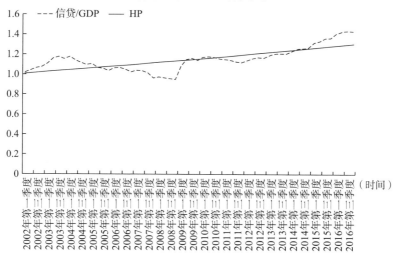

图 5 - 1　信贷/GDP 数据

---

①　李文泓、罗猛：《巴塞尔委员会逆周期资本框架在中国银行业的实证分析》，《国际金
融研究》2011 年第 6 期，第 81 ~ 87 页。

3. 结果分析

从测度结果可以看出，中国需要计提逆周期资本缓冲的时间共22个，分别为2002年第一季度至2005年第一季度，2010年第一季度，2015年第一季度至2016年第四季度。这一结果与中国现实发展基本相符。从经济发展历史来看，"信贷/GDP"在2002～2016年期间，应该计提逆周期资本缓冲的时间段均计提了缓冲，但在2009～2010年应计提逆周期资本缓冲的时间里只显示计提2010年第一季度缓冲，表现略有不足。为应对次贷危机，拉动全球经济复苏，中国货币当局向市场注入大量资金，市场流动性激增，国家政策及各项政府项目都促进了信贷量上升。并且，资金的产生大部分依靠银行贷款，因此，信贷规模也大幅增加，这一阶段应计提一段时间逆周期资本缓冲以应对信贷量突增。但结果显示2010年第一季度计提了资本缓冲，对2009年第二季度初投入市场的大量资金没有任何反应，测度结果与经济运行存在差距。可见，巴塞尔委员会提供的逆周期资本缓冲模型在中国的适用性不足，还需要改进。

第三节　中国逆周期资本缓冲计提模型的构建

一　挂钩变量的选取

逆周期资本缓冲作为宏观审慎监管政策工具中的一种，其主要作用在于抑制金融顺周期性对经济波动的放大，防范金融危机的发生并把危机导致的后果控制在可承受范围内。因此，在选择挂钩变量时，可以将选择范围放在历次金融与经济危机发生和发展过程中与经济形势密切相关的宏观经济变量和指标上。

1. 股票价格指标

1873 年 9 月 13 日 "黑色星期五"，美国纽约证券交易所出现了股票暴跌的惨象，随之而来的是世界性的经济危机，经济危机由股票崩盘拉开序幕。第一次世界大战后，资本主义国家发生了多次经济危机，尤其是 1929 年的美国经济危机，迅速结束了资本主义的快速发展，开启了历史上著名的大萧条时期，并迅速蔓延至全世界。一战后，由于科技的发展，生产效率大幅提高，美国很多企业盈利能力快速上涨，导致全世界大量资金涌入美国，这些资金推高美国的股市和资产价格，并间接促使美国企业扩大再生产，但是美国消费者消费能力的增长跟不上生产能力的进步，市场上出现供过于求的局面。一方面，资本家将过剩的牛奶和苹果倒进河里；另一方面，消费者无法承担居高不下的生活用品价格。1929 年 10 月 24 日，纽约股票市场崩盘，成为压倒骆驼的最后一根稻草，大危机由此爆发，银行倒闭、生产下降、工厂破产、工人失业，社会总需求进一步减少，经济不断恶性循环，经济泡沫破裂。细数这次危机，不难发现，除了生产力发展以外，它爆发的主要原因在于市场上资金过多，产能过剩，热钱大量涌入，股票投机过度，股票无法反映经济运行的实际情况，造成经济虚假繁荣。可见，虽然股票价格并不是危机爆发的根本原因，却是衡量经济繁荣与否的重要宏观指标之一，因此，本章选择股票价格作为逆周期资本缓冲的参考挂钩变量。

2. 房地产价格指标

第二次世界大战后，日本在美国的帮助下实施了一系列政策措施，经过 20 世纪 60 ~ 80 年代大约 30 年的发展，创造出惊人的发展速度，也取得了非凡的成就。但是，作为当时最大的债务国，日本的飞速发展引起了美国保护主义的兴起。1985 年 5 月日本签署了以日本银行不得过度干预外汇市场为中心的《广场协议》，此后，日元开始疯狂升值，股市疯涨。日元的迅速升值和消费品价格的降低使得民众购买力增强，带动了投资增加，扩大了国内总需求。20 世纪 80 年代日本经济空前繁荣，国内民众的消费信心极强，非常热衷于投资股市和房地产。日本企业也不断购买欧美资产。当时，东京 225 指数达到了惊人的 38915 点；东京地价达到顶峰；三菱公司以 14 亿美元购买了美国的国家象征——洛克菲勒中心。日本房地产火热，国内市场甚至已经无法满足民众的需求，他们纷纷奔赴海外市场购买资产，房地产过度投机，房地产价格持续飙升为日本房地产业积累了严重的泡沫。《广场协议》后，日元币值平均每年升值 5% 以上，国际热钱流入日本，在日本股票和房地产市场上呼风唤雨，日本房价从 1986 年至 1989 年提高了两倍，据统计，当时日本东京一个城市的土地价值相当于整个美国。但是泡沫总有破灭的一天，日本政府在意识到经济泡沫后，实施货币紧缩政策，戳破了泡沫经济，日本经济全面崩盘，股价、地价迅速下跌，日本经济随后十几年陷入衰退深渊。房地产价格伴随危机的始末，见证了经济的繁荣与萧条。基于此，本章在分析日本经济泡沫的基础上，选取房地产价格作为逆周期资本缓冲的参考变量之一。

3. 汇率、外汇储备指标

1997 年爆发了一场始于泰国的金融危机，并迅速蔓延至东南亚多个国家。这场危机和泰国当时的经济发展政策紧密相关，泰国在 1992 年逐渐放开外汇市场，允许国内投资者通过曼谷国际银行获取国外低息资产，并采用将泰铢汇率与美元挂钩的固定汇率制度。泰国政府为维持经济持续增长，大量举借短期外资借款，却没有做好正确引导，大笔资金流向房地产、股票市场和钢铁行业，而没有流向高新技术领域，经济泡沫严重，外资流入使泰国经常项目赤字严重，高达国内生产总值的 8.2%。为维持固定汇率不变，泰国政府不得不动用大量外汇储备，这也给国际投机者以机会。1997 年 6 月，以美国大投机家乔治·索罗斯的量子基金为首的国际投资者对泰铢发动猛烈攻击，利用立体投资策略，以三个以上金融工具的相关性进行金融投机，在短时间内聚集巨额资金大量抛售泰铢，买入美元，泰铢大幅贬值，但是在此之前，索罗斯购买了大笔泰铢看跌期权，当泰铢大幅贬值时平仓获得巨额暴利。索罗斯集团在冲击泰国外汇市场成功后，又先后冲击了菲律宾、印度尼西亚、马来西亚等周边国家，随后中国台湾货币当局主动贬值，使投机集团的目光转向中国香港，由于中国香港回归后有大陆外汇储备的强力支持，索罗斯集团终于在香港遇挫，首次亏损 8 亿美元，国际投机行为至此结束。东南亚金融危机是一场由汇率和外汇储备所引发的危机，同时凸显了汇率和外汇储备作为衡量一国经济重要宏观变量的地位，因此，本章选取汇率及外汇储备作为与逆周期资本缓冲挂钩变量的候选指标。

4. M2 指标

2008 年美国爆发次贷危机，并迅速席卷全球，影响至今。本轮危机引发的金融震荡使欧洲很多国家陷入主权债务危机，对世界金融格局产生了极大影响，也将全球经济拖入又一个低迷时期。危机前，美国较长一段时间采取低利率的货币宽松政策，使房地产行业进入繁荣期，购房者数量增多，商业银行为盈利，向信用程度较差和收入不高的借款人提供贷款，发放次级债券。次级债具有高风险、高收益的特点，银行为了分散风险，会将次级抵押贷款打包成次级抵押贷款债券（CDO），出售给其他金融机构，并向保险公司投保，看似降低了次级债的风险，事实上却将整个金融机构更紧密联系起来，一旦源头贷款人无法偿还贷款，整个交易链条很容易断裂，触发危机。随着美国住房市场的降温尤其是短期利率的提高，次贷还款利率大幅上升，购房者的还贷负担大为加重，这导致大量贷款人无法偿还贷款，银行收回的房屋也因楼市遇冷无法卖出，大面积亏损，引发次贷危机。这次危机的发生，主要是由于银行向低信用人群扩大信贷范围，积累系统性风险，此外也与市场上流动资金过剩有关。美国常年实施量化宽松政策，使全球资金流向美国房地产和金融市场，吹起了房地产泡沫，引发了次贷危机，进入金融市场的资金引发了美国金融市场的繁荣，也导致了金融衍生品的滥发，扩大了危机波及范围，金融衍生品利用自己的杠杆作用成倍放大了危机。因此，本章选取了货币供应量 M2 作为逆周期资本缓冲挂钩标量的候选指标。

综上所述，本章在股票价格、房地产价格、汇率、外汇储备、M2 变量中选择更适合中国国情的逆周期资本缓冲挂钩变量，下文将采用受试者工作特征曲线择优选取。

二 挂钩变量的统计检验

1. 受试者工作特征曲线原理

受试者工作特征曲线又称 ROC 曲线，被广泛应用在医疗行业，用于甄别对同一疾病的不同诊疗方法的优劣。受试者工作特征曲线用于对两分类判别效果的分析与评价，在该分析框架下，自变量为连续变量，因变量为两分类变量。其基本原理是用构图法揭示敏感性和误判率的相互关系，敏感度即将实际为真实值的判定为真实值的概率，误判率则是将实际为真实值判定为伪值的概率。ROC 曲线的绘制原理是以敏感度为纵坐标，以误判率为横坐标，通过判断点的移动，计算出一系列敏感性和误判率数值，并以曲线下面积（AUC）判定结果。ROC 曲线绘成后，将绘成的曲线与斜 45 度的直线对比，越接近重合，说明自变量对因变量的判断价值越低；越远离斜 45 度的直线，即曲线下的面积越大，说明自变量对因变量的判断价值越高。根据这一特性，ROC 曲线也适合在逆周期资本缓冲多种候选挂钩变量中选取最优变量。

将受试者工作特征曲线应用于本章研究的思路是将两分类设为计提逆周期资本缓冲（P）和不计提逆周期资本缓冲（N），样本检验结果则为计提逆周期资本缓冲（T）和不计提逆周期资本缓冲（F）。这样就会出现 4 种可能，分别是：①样本检测为计提逆周期资本缓冲，且检测结果正确（TP），其概率为敏感度；②样本检测为不计提逆周期资本缓冲，且检测结果错误（FP）；③样本检测为计提逆周期资本缓冲，且检测结果错误（TN），其概率为误判率；④样本检测为不计提逆周期资本缓冲，且检测结果正确（FN），其概率为特异值。

在表 5 – 1 中，a、b、c、d 为样本数量，敏感度 $= a/(a+c)$；特异度 $= b/(b+d)$；误差率 $= 1 -$ 特异度，即 $d/(b+d)$。

表 5 – 1　两分类综合表

	计提逆周期资本缓冲	不计提逆周期资本缓冲	合计
样本计提逆周期资本缓冲	a	b	$a+b$
样本不计提逆周期资本缓冲	c	d	$c+d$
合计	$a+c$	$b+d$	$a+b+c+d$

ROC 曲线以下面积 AUC 用于定量评定和比较。设样本中计提逆周期资本缓冲的样本数为 n，样本数据为 $X_{ni}(i=1,2\cdots,n)$；不计提逆周期资本缓冲的样本数为 m，样本数据为 $X_{mi}(i=1,2,\cdots,n)$。AUC 等于不计提逆周期资本缓冲组每个实验数据大于计提逆周期资本缓冲组每个实验数据的概率。AUC 标准为：

$$SE_{AUC}=\sqrt{\frac{AUC(1-AUC)+(m-1)(Q_1-AUC^2)+(n-1)(Q_2-AUC^2)}{mn}}$$

$$Q_1=AUC/(2-AUC),\ Q_2=2AUC^2/(1+AUC)$$

其中，ROC 曲线下面积 AUC 取值范围为 0.5～1，AUC 值越接近 1，说明判断效果越好。当 AUC = 1 时，ROC 曲线与正方形左边线和上边线重合；AUC 等于 0.5 时，ROC 曲线与 45 度线重合，也说明判断方法没有作用。实际应用 ROC 曲线时，将计提逆周期资本缓冲时间段记为 1，不计提逆周期资本缓冲时间段记为 0，根据一系列自变量变化值，测量因变量曲线下面积进行比较，选取最佳取值结果。

2. 数据选取

本章选取股票市值、房地产投资、汇率、M2、外汇储备变量 2002～2016 年各个季度共 60 组数据。数据来源于中国统计局网站和中国人民银行网站，由于官网数据统计明细在不同时间存在不同划分，因此股票市值在 2014 年前采取上海和深圳市值之和，2014 年后直接使用股票市值数据。其中，汇率使用人民币对美元汇率，房地产采用房地产投资额。以上所有变量的季度数据均使用 3 月、6 月、9 月、12 月数据作为季度数据。各指标走势如图 5-2 至图 5-6 所示。

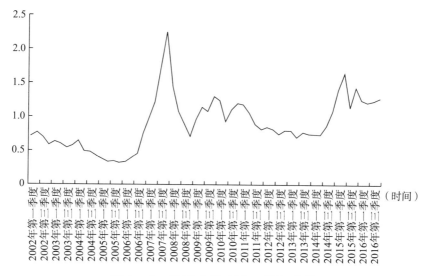

图 5 - 2　股票市值/GDP 指标走势

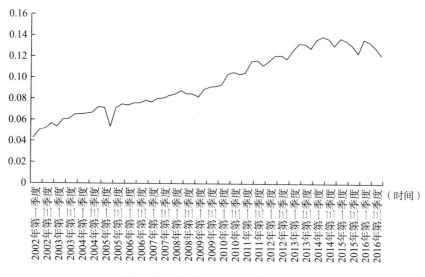

图 5 - 3　房地产/GDP 指标走势

3. 基于 ROC 曲线的实证检验

（1）逆周期资本缓冲变量设置。

回顾中国经济发展进程及结合中国学者对逆周期资本缓冲的

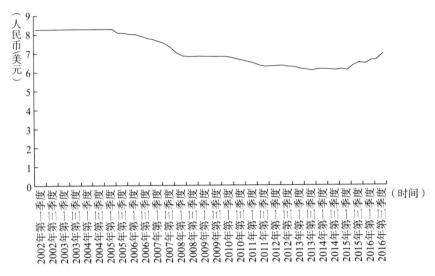

图 5-4　汇率指标走势

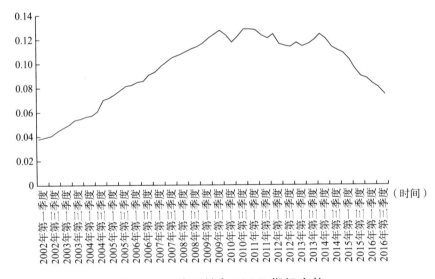

图 5-5　外汇储备/GDP 指标走势

研究成果，本章设置计提逆周期资本缓冲时间，从 2002 年至 2016 年共 5 个阶段，其中有 3 个阶段计提逆周期资本缓冲，两个阶段不计提逆周期资本缓冲，理由如下。

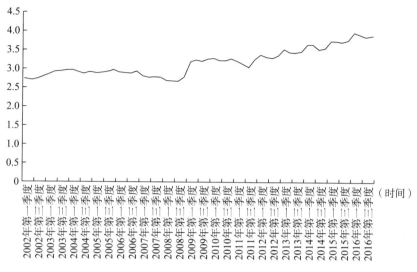

图 5 - 6　M2/GDP 指标走势

第一阶段为 2002 年第一季度至 2005 年第一季度，计提逆周期资本缓冲。中国 2001 年 12 月正式成为世贸组织成员，大幅度提高对外出口贸易量，中国在劳动力价格上的优势使中国商品迅速占有海外市场，出口量不断扩大，贸易顺差也不断创新高。出口市场的繁荣带动了国内经济市场的快速发展，企业规模不断扩大，生产工艺不断革新，中国企业走向世界的能力显著提高，促进了国内市场需求能力增长，就业岗位增加，出口成为刺激经济发展的"三驾马车"之一。此外，从 2002 年开始，中国房地产价格不断上涨，在火热的房地产市场带动下，有色金属、钢铁、水泥、家具装潢等一系列产业链也欣欣向荣，经济形势一片大好。房地产投资热潮引发经济过热、生产能力过剩现象，钢铁产量过剩现象开始初现。2003 年钢铁行业投资达到了 1400 亿元，比 2002 年增长一倍以上。钢生产能力已达到 2.5 亿吨，明显超出市场需求，产能过剩为未来经济发展留下了些许隐患。在此阶段，信贷扩张不断加剧，计提逆周期资本缓冲十分必要。

第二阶段为 2006 年第二季度至 2008 年第四季度，不计提逆周期资本缓冲。中国经济在飞速发展后，逐渐出现过热现象，在 2007 年党的十七大和 2008 年中央经济工作会议中都将货币政策从"稳健"调整为"从紧"，以应对 2006 年以来的通货膨胀。2008 年，美国次贷危机爆发，蔓延为全球性经济危机，世界经济低迷，中国也无可避免，在"从紧"的货币政策下被危机所累。中国经济严重衰退，中小型企业不断倒闭，出口受到打击，经济陷入低谷。金融行业也一片衰败，在三大评级机构连续下调次级债券等级后，次级债券价格大幅跳水，购买了次级债券的银行资产严重贬值，资本充足率不足，资金来源受限，信贷规模减缩。中国政府迅速调整财政政策和货币政策，实施双宽松政策刺激经济振兴，并颁布一系列优惠政策促进实体经济。此时，不应计提逆周期资本缓冲，反而应该释放资本缓冲以应对经济下行的困境。

第三阶段为 2009 年第二季度至 2010 年第四季度，计提逆周期资本缓冲。从 2008 年第四季度起，中国人民银行重新调整经济政策，开始实施积极的财政政策和适度宽松的货币政策，加大金融机构对实体经济的支持力度，取消对银行贷款规模的限制，鼓励银行加大信贷投放。2009 年政府宣布投入 4 万亿元资金刺激市场，提出十大区域振兴计划和十大产业振兴计划，不仅让银行在短期内发放大量贷款，还造成了随后的产能过剩。由于政府投资大量增加，社会需求大幅增加，房地产价格迅速上升，带动建材、钢铁等产业的商品价格不断上涨，加剧了钢铁行业的产能过剩问题。在这一阶段，信贷扩张剧烈，虽然这一系列经济措施带来了短期的经济回升，但也加重了政府和企业的杠杆率，应计提逆周期资本缓冲。

第四阶段为 2011 年第一季度至 2014 年第四季度，不计提逆周期资本缓冲。在这一阶段，4 万亿元投资的红利已经过去，经济还没有彻底从经济危机中恢复，政府采用大水漫灌方式调控市场的弊端也开始显现，经济结构不合理、产能过剩等问题越发凸显，在巨额资金投入背景下，一些仓促上马的项目没有经过长时间的反复论证，反而成为拖累经济复苏的负担，经济依然低迷。政府多次采取各种手段调控市场，但效果不甚明显。因此，这一阶段不需要释放资本缓冲。

第五阶段为 2015 年第一季度至 2016 年第四季度计提逆周期资本缓冲。近几年，中国经济一直处于复苏阶段，央行多次下调利率，扩大市场货币供给，信贷规模日益扩张。与 GDP 增速不到 7% 的经济新常态相比，市场货币供给量增速过快，刺激了信贷规模的增长，加大了经济周期波动，因此，应少量计提逆周期资本缓冲。

（2）实证检验。

将上述股票市值/GDP、房地产投资/GDP、汇率、M2/GDP、外汇储备/GDP 数据应用 SPSS 软件进行 ROC 曲线分析，结果如下。

从图 5 - 7 可知，在以上 6 种研究变量中，信贷、M2、汇率和股票市值相对表现良好，曲线下面积 AUC 均在 0.5 以上，说明这 4 种变量均能较好地作为逆周期资本缓冲的挂钩变量，其中信贷变量的曲线下面积最大，为 0.769，这说明信贷变量灵敏度高而误差率低，是选取变量中表现最佳的变量；其次是 M2 变量，相对于其他变量表现较佳。因此本章考虑选取 "M2/GDP" 作为以 "信贷/GDP" 为挂钩变量的逆周期资本缓冲模型的补充变量，并实际检验以 "M2/GDP" 为挂钩变量的逆周期资本缓冲模型在中国市场的表现情况。

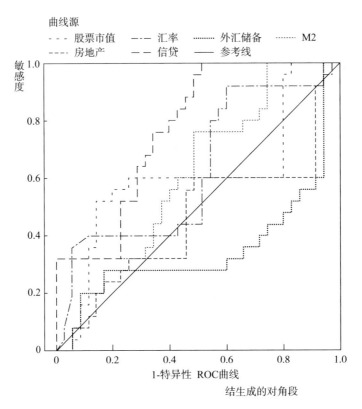

图 5 - 7　受试者工作曲线

表 5 - 2　ROC 曲线下面积

检验结果变量	面积
股票市值/GDP	0.602
外汇储备/GDP	0.350
汇率	0.625
M2/GDP	0.676
房地产/GDP	0.456
信贷/GDP	0.769

注：汇率在正的和负的实际状态组之间至少有一个结。统计量可能会出现偏差。

（3）"M2/GDP"逆周期资本缓冲模型检验。

采取"M2/GDP"作为挂钩变量，利用其 2002~2016 年各个季度共 60 组数据，按照巴塞尔委员会提出的模型计算方法做上述相同的实证分析，并与以"信贷/GDP"为挂钩变量的逆周期资本缓冲模型进行对比，检验以"M2/GDP"为挂钩变量的逆周期资本缓冲模型在中国市场适用性，是否能弥补"信贷/GDP"模型的不足。采用 Eviews 和 Excel 软件进行整理，结果如图 5-8 所示。

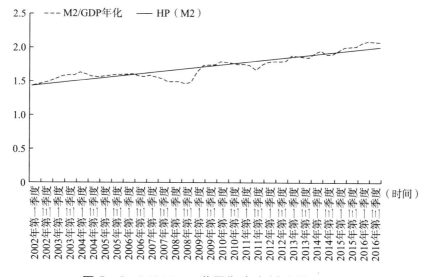

图 5-8 M2/GDP 逆周期资本缓冲模型结果

从前述结果可以得出，需要计提逆周期资本缓冲的时间段为 2002 年第三季度至 2005 年第三季度、2009 年第二季度至 2010 年第二季度、2014 年第一季度至 2014 年第二季度、2015 年第二季度至 2016 年第四季度。相对"信贷/GDP"而言，"M2/GDP"变量在 2009 年第二季度至 2010 年第二季度合理计提逆周期资本缓冲，且在其他时期也能较为合理地计提缓冲，但相对于"信贷/GDP"挂钩变量在 2009 年第二季度表现欠佳。可见，"M2/GDP"变量能够弥补"信贷/GDP"变量的不足，起到对以"信贷/GDP"为挂钩变量的逆周期资本缓冲模型的补充作用。

但如果以"M2/GDP"作为单一挂钩变量计提逆周期资本缓冲，从全部实证数据来看，其存在计提缓冲滞后的问题。在计提逆周期资本缓冲时，无法及时平缓经济过热现象，存在经济已经逐渐放缓情况下依然计提缓冲的情况，反而造成经济动荡，影响经济运行，会误导监管当局制定相应的调控政策。因此，"M2/GDP"模型更适合用来验证和补充"信贷/GDP"模型。综上，建议在宏观审慎监管政策框架下建立以"信贷/GDP"为主、以"M2/GDP"为辅的逆周期资本缓冲模型，以更加适应中国的经济环境，取得更好的政策效果。

第六章
贷款价值比指标工具的应用效果评价

　　基于前文总结，考虑到单独研究宏观审慎监管工具作用的文献较少，本章将宏观审慎监管政策中最为重要且灵活的监管工具代表——LTV 率引入含有金融加速器效应的 DSGE 模型，对模型的结构参数进行校准，进而进行数值模拟分析，并结合中国当前经济和金融体系的实际背景，对比有无宏观审慎监管政策工具对金融加速器效应的调控效果差异，更清晰直观地揭示宏观审慎监管工具的实施效果，以期为宏观审慎监管政策的应用和完善提供经验支持。

第一节　随机动态一般均衡模型设定

　　DSGE 模型基本分为两大学派。一个是真实经济周期学派，即熟知的 RBC 模型；① 另一个就是新凯恩斯 DSGE 模型。本章选

----

　　① 　通常，我们也称 RBC 模型为 DSGE 的前身。

取 Rotemberg 建立的模型作为基础模型，而该模型在新凯恩斯 DSGE 模型分支下对经济做进一步刻画得到。[①]

DSGE 基础模型针对的主要是封闭的经济体，从微观到宏观，对每一单位代表性的个体行为进行加总，得到研究对象整体的经济行为。这种加总可以相对细致地表现经济体的复杂程度与难于刻画性。学者们多数从家庭部门、厂商、金融中介机构、政府部门这几方面入手来构建一个特定的经济体。但由于本章研究宏观审慎监管工具对金融加速器效应的影响，故直接将金融加速器机制引入基础模型。由于金融加速器效应主要产生于企业从金融中介机构进行外部融资时，且与企业自身的杠杆密切相关，所以本章将模型的构造重新划分为家庭部门、企业、生产部门和货币政策当局四部分。

一　家庭部门

对家庭部分来说，代表性行为人（representative agent）的效用函数由消费 c_t、实际货币余额 M_t/p_t、闲暇 $1-h_t$ 三者刻画。在模型中，通常将所有的代表性家庭连续在一起组成一个测度为 1 的连续统，表示如下：

$$U_0 = E_0 \sum_{t=0}^{\infty} \beta^t u(c_t, M_t/p_t, h_t) \tag{1}$$

其中，效用函数 U_0 被假定为连续且二次可微。h_t 是家庭的劳动供给。由于家庭的劳动与其效用呈反比，效用函数中通常采用闲暇 $1-h_t$ 对劳动供给 h_t 进行替代。p_t 代表消费者的价格水平。$\beta \in (0,1)$ 为折现因子。

---

① Rotemberg, J. J., Woodford, M., "An Optimization-Based Econometric Framework for the Evaluation of Monetary Policy", *NBER Macroeconomics Annual*, 12, 1997, pp. 297 – 346.

进一步思考微观家庭个体效用函数的经济意义：微观家庭的效用函数中，假设增加所持有的实际货币余额能直接提高个人福利，这样就可以将货币引入具有微观基础的一般模型。但对于每个微观个体而言，消费和实际货币余额为其带来的效用往往不尽相同，考虑这一点并参考 Christiansen 和 Dib 的模型设定，给出如下微观个体效用函数：[①]

$$u(\,\cdot\,) = \frac{\gamma e_t}{\gamma - 1}\log\left[c_t^{\frac{\gamma-1}{\gamma}} + b_t^{1/\gamma}\left(\frac{M_t}{p_t}\right)^{\frac{\gamma-1}{\gamma}}\right] + \eta\log(1 - h_t) \tag{2}$$

其中，γ 是用来衡量消费和实际货币余额效用弹性的常数参数。η 为决定闲暇在效用函数中所起作用的参数。e_t 是消费偏好扰动，b_t 则为货币供给扰动，假设两者都遵循一阶自相关的过程：

$$\log(e_t) = \rho_e \log(e_t - 1) + \varepsilon_{et} \tag{3}$$

$$\log(b_t) = (1 - \rho_b)\log(b) + \rho_b\log(b_t - 1) + \varepsilon_{bt} \tag{4}$$

ρ_e 和 ρ_b 是自相关系数，b 为常数，ε_{et} 和 ε_{bt} 服从 $N(0, \sigma^2)$。

在 t 时期，代表性家庭在 $t-1$ 时期向金融中介机构存入 D_{t-1}，上一期留存下来的持有名义货币量为 M_{t-1}。存款 D_t 在 $t \sim t+1$ 时期按当期名义利率 R_t 支付给家庭部门。考虑家庭的劳动收入以及消费支出，以总量的形式表达家庭部门效用函数的约束条件为：

$$P_t c_t + D_t + M_t \leq R_{t-1}D_{t-1} + M_{t-1} + W_t h_t + T_t + \Omega_t \tag{5}$$

其中，c_t 代表当期消费，h_t 代表家庭劳动供给，W_t 为提供给劳动的工资。W_t 是以名义量表示的投资分红，T_t 表示政府收入转移。总体理解为，当期的收入不少于当期的开支以及留存到下期

的资产总值。

在满足（5）式的条件下，（2）式的最大化可以给出家庭部门 c_t、M_t、D_t、h_t 的最优性条件：

$$\frac{e_t c_t \frac{1}{\gamma}}{c_t^{\frac{t-1}{\gamma}} + b_t^{1/\gamma} m_\gamma^{\frac{t-1}{\gamma}}} = \lambda_t \qquad (6)$$

$$\frac{e_t b_t^{\frac{1}{\gamma}} m_t^{\frac{1}{\gamma}}}{c_t^{\frac{t-1}{\gamma}} + b_t^{1/\gamma} m_t^{\frac{t-1}{\gamma}}} = \lambda_t - \beta E_t\left(\frac{\lambda_{t+1}}{\pi_{t+1}}\right) \qquad (7)$$

$$\frac{\eta}{1-h_t} = \lambda_t \omega_t \qquad (8)$$

$$\frac{\lambda_t}{R_t} = \beta E_t\left(\frac{\lambda_{t+1}}{\pi_{t+1}}\right) \qquad (9)$$

其中，λ_t 是最大化时所用的拉格朗日算子，$m_t = M_t/p_t$，$\pi_{t+1} = \rho_{t+1}/\rho_t$，$\omega_t = W_t/\rho_t$，分别代表实际货币余额、通货膨胀率、实际工资水平。[①]

二　企业

在理解整个生产部门的经济特征之前可以从单独的企业入手进行分析。众所周知，企业无法与家庭直接发生借贷行为，需要通过金融中介将两者有效联结。因此，首先需要分析企业在金融借贷市场上的行为特点，这一过程也有助于揭示金融加速器机制。下文除观察企业的借贷行为以外，也会对企业的本职属性，即作为生产者的总体产出情况进行描述。

首先，假设所有企业均为风险中性，在此基础上，进一步假设任一企业存活到下一期的概率为 υ，那么可以推算企业的平均寿命

---

① 公式（7）为货币需求等式。

为 $1/(1-v)$。该假设可以保证企业永远无法仅通过内部融资的手段获得资本，必然产生的摩擦，最终演化为下文的"金融加速器机制"。

金融加速器效应产生的根源是借贷行为中的信息不对称性。通常来说，在借贷行为发生时，贷方对借方信用的了解程度通常低于借方本身，这一信息不对称不仅导致市场上资金配置的效率低下，也使得经济投资无法达到最优化。一方面，贷方需要承担额外的审计费用以获得充分的信息；另一方面，其还将面临借方的违约风险。这一过程中产生较高的代理成本，也就是企业在进行外部融资时的额外费用。代理成本的出现会使得信息越发不对称，进而使得代理成本越发高昂，产生类似"良币驱逐劣币"的恶性循环。而代理成本越高，借贷市场资金分配的效率越低，投资水平就越低，市场资金分配会越无效率。此时，通过内部融资手段解决资金需求问题是最优选择。

企业应该如何强化内部融资手段呢？Bernanke 和 Gertler 认为，企业资产状况直接或间接影响投资。一方面，较高的现金流量和资产净值可以作为内部融资来源；另一方面，良好的资产负债比可以为企业提供更多的抵押品，从而间接地减少外部融资成本。[①] 可见，金融加速器机制与企业杠杆率相关，本章选择由 $S(\cdot)$ 来对其进行定义。根据 Bernanke 的金融加速器理论，企业外部融资升水[②]与杠杆之间的弹性关系由潜在参数来确定。[③] 同

---

① Bernanke, B., Gertler, M., "Agency Costs, Net Worth, and Business Fluctuations", *American Economic Review*, 79, 1989, pp. 14 - 31.

② 外部融资升水也称"外部融资溢价"，是金融加速器理论的核心概念，是指当借款者和贷款者存在信息不对称时，就存在外部融资成本高于内部融资成本的问题，即外部融资需付出超额费用。

③ Bernanke, B.S., Gerlter, M., Gilchrist, S., "The Financial Accelerator in A Quantitative Business Cycle Framework", *Handbook of Macroeconomics*, 1, 1999, pp. 1341 - 1393.

时，考虑到通货膨胀对名义利率的影响，存在金融加速器效应的借贷成本函数表示如下：

$$E_t f_{t+1} = E_t [S(\cdot) R_t / \pi_{t+1}] \tag{10}$$

以 q_t 的价格购买 k_{t+1} 的资本用于 $t+1$ 年使用。$q_t k_{t+1}$ 的总成本可以部分被企业自有资金吸收，记为 n_{t+1}。溢出部分则需要从金融中介机构进行外部融资，融资量为 $q_t k_{t+1} - n_{t+1}$。对于金融中介机构而言，机构大部分资金来源于家庭存款，资金成本也仅为市场上 t 到 $t+1$ 期之间的名义利率水平 R_t。从企业家角度出发，在进行资金借贷时，会考虑资金期望边际收入与期望外部融资成本，因此，企业的最优资金需求应恰好满足：

$$E_t f_{t+1} = E_t \left[\frac{z_{t+1} + (1 - \delta) q_{t+1}}{q_t} \right] \tag{11}$$

$S(\cdot)$ 为：

$$S(\cdot) = S \left(\frac{n_{t+1}}{q_t k_{t+1}} \right) \tag{12}$$

其中，$S'(\cdot) < 0$ 且 $S(1) = 1$。

从公式（12）可以看出，外部融资成本取决于贷款者自有资本规模。当企业遭受经济的正向或负向冲击，资产净值随之升高或降低。然而，代理成本逆经济周期变动。当经济繁荣时，代理成本较低。经济低迷时，代理成本则保持在较高水平。信贷市场会将经济冲击放大，推动繁荣并恶化低迷。这种具有放大经济体效应的机制被经济学家形象地称为金融加速器机制。[①]

通过（11）和（12）两式，可以得出外部成本的线性对数形

---

① 除此之外，金融加速器效应的不同也体现在企业的规模上。大企业受到金融加速器的影响要远小于规模稍小的企业。

式如下：

$$\hat{f}_{t+1} = \hat{R}_t - \hat{\pi}_{t+1} + \psi(\hat{q}_t + \hat{k}_{t+1} - \hat{n}_{t+1}) \tag{13}$$

其中，ψ 代表外部融资成本相对于企业杠杆变化的弹性。

企业加总的净值为：

$$n_{t+1} = v v_t + (1 - v) g_t \tag{14}$$

其中，$1 - v$ 代表新进入经济体中的企业比例，v_t 为存活企业从前期累计下来的净值。g_t 指新进入经济体的企业从破产退出企业得到的剩余价值，即"种子价值"。v_t 可表示如下：

$$v_t = [f_t q_{t-1} k_t - E_{t-1} f_t (q_{t-1} k_t - n_t)] \tag{15}$$

其中，f_t 是依据过去经济发展情形所持有资产的最终实际收益。$E_{t-1} f_t = E_{t-1} [S(\cdot) R_{t-1} / \pi_t]$ 描述了企业若按照 $t-1$ 期的实际利率贷款的期望支出。但同时，企业在当期通过投融资活动产生的利润都会被视作留存收益累计到下一期净值。在（15）式中，借贷合同会具体化名义利率值①，而通货膨胀会导致企业实际需要清偿的贷款额减少，也使得企业净值增加。

根据 Cobb-Douglas 生产函数可知，企业 y_t 单位的产出由资本 k_t、劳动 h_t 以及技术水平 A_t 三者共同决定：

$$y_t = k_t^{\alpha} (A_t h_t)^{1-\alpha}, \alpha \in (0,1) \tag{16}$$

技术冲击 A_t 对所有企业家等同，服从一阶自相关过程：

$$\log A_t = (1 - \rho_A) \log(A) + \rho_A \log(A_{t-1}) + \varepsilon_{A_t} \tag{17}$$

其中，$\rho_A \in (-1,1)$，$A > 0$ 且为常数，ε_{A_t} 为服从均值为 0、

---

① Bernanke 采用的是实际利率，因为我们的货币政策中会采取盯住通货膨胀率的表达形式，故此处选取名义利率来表达。

标准差为 σ_A 的正态分布。

随后，所有企业都会在完全竞争市场将产出以等于边际名义支出的价格销售给后续的零售商。企业会选取最优化的资本和劳动实现自身利润最大化，利润最大化的边际方程为：

$$z_t = \alpha\zeta_t \frac{y_t}{k_t};\tag{18}$$

$$w_t = (1-\alpha)\zeta_t \frac{y_t}{h_t};\tag{19}$$

$$y_t = k_t^{\alpha}(A_t h_t)^{1-\alpha},\tag{20}$$

ζ_t 为此问题的拉格朗日乘子，可以解释为实际边际成本，W_t 为实际工资水平，z_t 为资本的实际边际产量。

三 生产部门

本章将生产部门分为资本生产部门和零售部门两部分。根据 Cobb-Douglas 生产函数可知，资本生产部门为企业生产提供劳动资本以外的原材料，而零售部门将从企业处购买的同质无差别产品进行无成本划分，并进入垄断竞争市场进行二次售卖。同时，将名义刚性引入经济体中。

1. 资本生产部门

资本生产者在时期 t 内沿用与特定投资扰动 x_t 呈线性关系的生产函数对资本产品进行输出，并在 t 时期末期如数卖出。同时，资本生产者从零售商处购买市场上流通的产品并将其中的一部分作为投资 i_t。投资的产出 $i_t x_t$ 将作为留存收益与现有资本存量进行结合，并投到下一期再生产过程中得到 k_{t+1}，代替之前投资产品的折旧。一般说来，扰动项作用于投资的边际效用。由于 i_t 以消费单位来表示，那么 x_t 就决定了资本生产部门每单位消费可以实际带来的资本效用。资本生产者同样对资本调整的二次形式 $\dfrac{x}{2}$ $\left(\dfrac{i_t}{k_t}-\delta\right)^2 k_t$ 敏感。[①]

对于资本生产者来说，边际问题就转化为测算使生产者利润最大化的投资量：

$$\max_{i_t} E_t\left[q_t x_t i_t - i_t - \frac{\chi}{2}\left(\frac{i_t}{k_t}-\delta\right)^2 k_t\right] \tag{21}$$

一阶求解形式如下：

$$E_t\left[q_t x_t - 1 - \chi\left(\frac{i_t}{k_t}-\delta\right)\right] = 0 \tag{22}$$

可以看出，这是一个包含资本价格和边际调整成本的托宾 Q 表达式，资本调整成本使得投资对各种不同冲击的反应减弱，从而直接影响了资本价格。如果将式中的资本调整成本去掉，那么资本价格 q_t 就恒等于常数 1。因此，资本价格允许在一定范围内浮动，而这就形成了整体企业净值的变动。

由于资本价格和供需都在资本市场上决定，资本需求由企业的需求函数（11）和（18）刻画；相对应，资本供给函数由（22）给出。

由此可以得到资本的动态表达式为：

$$k_{t+1} = x_t i_t + (1-\delta)k_t \tag{23}$$

这里的 δ 是折旧率，冲击 x_t 服从一阶自相关过程：

$$\log(x_t) = \rho_x \log(x_t - 1) + \varepsilon_{xt} \tag{24}$$

[①] Christensen, I., Dib, A., "The Financial Accelerator in an Estimated New Keynesian Model", *Review of Economic Dynamics*, 11, 2008, pp. 155 – 178.

其中 $\rho \in (-1,1)$ 是自相关系数，ε_{xt} 服从均值为 0、标准差为 σ_x 的正态分布。

2. 零售部门

零售部门设定可以将名义刚性引入经济体。零售商从企业以等于零售商边际名义支出的价格购买全部商品，然后在无额外支出的条件下区分各种产品，并最终将差异性商品在垄断竞争性市场进行出售。遵循 Calvo 的模型假设，零售商在未得到授权信息之前无法对商品重新定价。[①] 进一步，假设重新定价的概率是 $1-\varphi$，那么，所有市场中的零售商 j 都会选择使当期利润最大化的价格 $\tilde{p}_t(j)$。推断可得，零售商品价格保持不变的平均时间为 $l = 1/(1-\varphi)$。然而，在无法重新定价的情况下，零售商在时间 t 必须承受通货膨胀 π 带来的影响。在 t 时间段内，如果零售商收到可以重新调整价格的信息，便会将 $\tilde{p}_t(j)$ 调整至最大化收益的水平。零售商 j 的效用最大化函数可以描述为：

$$\max_{[\tilde{p}_t(j)]} E_0 \left[\sum_{l=0}^{\infty} (\beta\varphi)^l \lambda_{t+1} \Omega_{t+1}(j)/p_{t+l} \right] \tag{25}$$

同时面临着：[②]

$$y_{t+l}(j) = \left[\frac{\tilde{p}_t(j)}{p_{t+l}} \right]^{-\theta} y_{t+l} \tag{26}$$

零售商的名义利润可描述为：

$$\Omega_{t+l}(j) = \left[\pi^l \tilde{p}_t(j) - p_{t+l}\xi_{t+1} \right] y_{t+l}(j) \tag{27}$$

---

① Calvo, G. A., "Staggered Price in a Utility-Maximizing Framework", *Journal of Monetary Economics*, 12 (3), 1983, pp. 383 – 398.

② 从垄断竞争市场中总产出和个体单位产出的 CES 表达式中可以推出（26）至（30）式，具体步骤不做详细说明。

由前述三式，可以得到 $\tilde{p}_t(j)$ 的一阶条件为：

$$\tilde{p}_t(j) = \frac{\theta}{\theta-1} \frac{E_t \sum_{l=0}^{\infty} (\beta\varphi)^l \lambda_{t+l} y_{t+l}(j) \xi_{t+l}}{E_t \sum_{l=0}^{\infty} (\beta\varphi)^l \lambda_{t+l} y_{t+l}(j) \pi^l / p_{t+l}} \tag{28}$$

总价合计为：

$$p_t^{1-\theta} = \varphi (\pi p_{t-1})^{1-\theta} + (1-\varphi) \tilde{p}_t^{1-\theta} \tag{29}$$

通过以上诸式，整合可得对应的新凯恩斯菲利普斯曲线：

$$\hat{\pi}_t = \beta E_t \hat{\pi}_{t+1} + \frac{(1-\beta\varphi)(1-\varphi)}{\varphi} \hat{\xi}_t \tag{30}$$

ξ_t 代表实际边际消费，头顶带尖角符号记为对稳态价值的对数偏差指数。

第二节　货币政策与宏观审慎政策工具的引入

一　货币政策

可以假设中央银行采取盯住通货膨胀、产出和货币增长率的方式来对名义利率进行调整。因此，货币政策可设定如下：

$$\frac{R_t}{R} = \left(\frac{\pi_t}{\pi}\right)^{\varpi_\pi} \left(\frac{y_t}{y}\right)^{\varpi_y} \left(\frac{\mu_t}{\mu}\right)^{\varpi_\mu} \exp(\varepsilon_{Rt}) \tag{31}$$

其中，R、π、y 分别对应 R_t、π_t、y_t 的稳态值。ε_R 表示货币政策所受到的冲击，服从以 0 为均值、σ_R 为标准差的正态分布。因为货币当局新创造的货币通常都会经由家庭部门继而传入整个经济体中，因此，前文的政府收入转移就可以描述成：$T_t = M_t - M_{t-1}$。

选择这一政策设定的另一个原因在于，其可以为货币政策提供一定范围内的可调节性。相关的政策性参数 ϖ_π、ϖ_μ、ϖ_y，都由货币当局选定。存在这样一种情况：只要 ϖ_π、ϖ_μ 这两个参数的和超过单位 1 时，就会出现一个特殊的平衡状态。这一设定不仅符合泰勒货币政策规则，而且在此基础上修正了原式中（此时 $\varpi_\mu = 0$）货币当局仅盯住通货膨胀和产出的不足。因为，货币当局的利率政策如果能够与货币增长水平联动，央行就能够消除经济体中由货币供给冲击所引发的负面影响。而后续的学者也逐渐应用实证分析印证了这一因素加入的可行性和必要性。

二 宏观审慎政策

上述货币政策主要用于稳定经济中的价格水平，而宏观审慎策略通常从更加系统性的视角对金融体系的整体稳定负责。针对中国的经济现状，应该选取何种宏观审慎政策呢？自从 2010 年提出对宏观审慎政策的要求以来，中国经济宏观审慎政策的实施面临两个比较关键的挑战。

首先是利率市场化。2013 年 7 月 20 日，中国人民银行全面放开贷款利率，一直到 2015 年 10 月 24 日，全面放开对商业银行和农村合作金融机构的存款利率限制。这导致市场利率呈现整体上升趋势，从而对金融机构的资产管理能力提出更高要求，给整个金融体系带来更大风险。利率市场化要求市场主体对利率有足够的敏感度，同时反向推动国企改革和政府职能转变，否则会影响利率市场化的效果。利率市场化后 PPI 呈现上涨，而 CPI 依旧低迷。工业品出厂价格升高说明企业生产过程中所需成本增加，使得企业资金周转出现问题的可能性增加，企业进一步寻求融资的可能性随之增加。同时，PPI 的增长无法顺利传递给 CPI，容易造成供过于求，融资借贷不良比率存在增长隐患。从这一角度来看，同其他欧美国家重点关注家庭部门的借贷行为不同，中国的宏观审慎监管需要更多关注企业生产成本导致的融资借贷问题。

其次是在中国经济放缓趋势下的金融风险调控方向和力度。当前中国经济的外部环境不佳，以美国为首的西方发达国家纷纷退出量化宽松，而内部的金融降杠杆和房地产调控进入严管期也表明了宏观调控挤资产泡沫的立场。因此，防范产出、投资等宏观变量在经济受到扰动时出现异常波动，防控经济未来可能出现的问题，应采取宏观审慎监管政策，切实从宏观层面对企业的借贷行为实施合理调控。

结合中国的经济现实，以及已有研究中有关宏观审慎政策对经济体的影响，本章采用了 LTV 政策工具，即对贷款价值比进行一定程度的约束。将贷款价值比例用 G_t^b 来表示，且同贷款目标额度和资产价格相关：

$$\hat{G}_t^b = \rho_g \hat{G}_{t-1}^b + (1-\rho_g)\rho_q \hat{q}_{t+1} + (1-\rho_g)\rho_l \hat{l}_t + \varepsilon_t^g \qquad (32)$$

其中，l_t 替代上述的 $(q_{t-1}k_t - n_t)$。因为经济含义相同，可以采用简化形式表示。ρ_g、ρ_q、ρ_l 分别代表 LTV 比率整体的持续性、资本价格的持续性和贷款额的持续性。ε_t^g 是该式的扰动项，同之前定义的所有扰动项一致，服从均值为 0、标准差为 σ_g 的正态分布。

三　稳态

在求解一般均衡稳态时，假设所有企业家同质，那么他们会在经济体中做出一致的行为。在本章的经济体中，一般均衡包含了原生经济变量 $\{y_t, c_t, m_t, i_t, h_t, k_t, n_t\}$ 与各种变化量 $\{w_t, z_t, R_t,$

$f_t, q_t, \lambda_t, \xi_t\}$。企业家的经济行为描述不仅可以满足家庭部门、资本生产者、企业家、零售商、政策制定部门最优政策的最大化利益要求，同时能够应对偏好、货币供给、生产产能、投资、货币供给政策等一系列外部冲击。

稳态时点的模型总结如下：

$$q = 1 ; \tag{33}$$

$$\xi = \frac{\theta - 1}{\theta} ; \tag{34}$$

$$R = \pi / \beta ; \tag{35}$$

$$f = SR / \pi ; \tag{36}$$

$$f = z + 1 - \delta ; \tag{37}$$

$$\lambda c = \left[1 + b \left(\frac{\pi}{\pi - \beta} \right)^{\gamma - 1} \right]^{-1} ; \tag{38}$$

$$\lambda m = \lambda c b \left(\frac{\pi}{\pi - \beta} \right)^{\gamma} ; \tag{39}$$

$$\frac{k}{y} = \alpha \frac{\xi}{z} ; \tag{40}$$

$$\frac{c}{y} = 1 - \delta \frac{k}{y} ; \tag{41}$$

$$wh\lambda = \frac{(1 - \alpha)(\lambda c)\xi}{c / y} ; \tag{42}$$

$$h = \frac{wh\lambda}{\eta + wh\lambda} ; \tag{43}$$

$$y = Ah \left(\frac{k}{y} \right)^{\alpha / (1 - \alpha)} ; \tag{44}$$

$$i = \delta k. \tag{45}$$

接下来，对整体方程组在稳态附近进行对数线性近似，并应用 BK 方法，将问题转化为矩阵方程组来描述：

$$\hat{s}_{t+1} = \Phi_1 \hat{s}_t + \Phi_2 \varepsilon_{t+1} ; \tag{46}$$

$$\hat{d}_t = \Phi_3 \hat{s}_t, \tag{47}$$

其中，$\hat{s}_t$ 是状态变量矩阵，包含模型中的前定变量和外生变量。$\hat{d}_t$ 是控制变量矩阵，矩阵 ε_{t+1} 包含随机冲击量等模型变量。系数矩阵 Φ_1、Φ_2、Φ_3 包含参数等依赖模型的结构性变量。

第三节 参数校准与数值模拟

一 结构参数的校准

在参数估计中本章采用了校准方法，其原因在于：第一，建立的 DSGE 模型具有中等规模，其内生变量维度较高但可观测值较少，并且样本时间序列数据较短，这在很大程度上限制了估计结果的稳健性，由于结构参数大多具有明确的经济含义，根据其含义并结合现有研究文献进行校准具有较强的可行性；第二，由于后续要进行外生冲击数值模拟，考察并比较使用宏观审慎监管与不监管之间的差别，利用结构参数校准、政策参数直接赋值的方式能够更合理地设定宏观经济场景，有效通过政策模拟达到研究目的。此处，参考了大量国内外文献中对参数的设置值，具体会在后文中说明引用的具体出处。

对于折现率 β，已有文献取值基本处于（0.990，0.999）区间。本章按照近年银行的平均存款利率来计算，推算出平均的年化利率为 2.93%，即经济体的利息率，而这一取值同国内学者的假设基本符合。参数 η 可以用于衡量效用函数中闲暇时间的贡献度，根据 Christiano 和 Dib，取 1.315。也就是说，家庭部门大概要花费 1/3 的时间在市场活动中。[1] 参数 θ 度量零售商的垄断能力，也可以说是商品替代弹性，参照 Bernanke 等和崔光灿等的取值情况，设置为常数 6，意味着稳态时的价格会有 20% 的向上浮动。[2] 对于资本折旧率 δ，基本所有文献都会设置在每季度 0.025。与货币供给相关的冲击参数 b 设为 0.062，这样可以保证实际平衡状态和消费的稳态比值同历史价值相差不大。石柱鲜等认为稳态总通货膨胀率应该取在（2%，6%）这一区间内。[3] 本章将其按照常规设置在 3.1%，换算成季度数据便为 1.0079，这与国外学者的设置也基本一致。稳态时的风险溢价 s 设定为 1.0075，对应着每年 300 个点的溢价。[4] Bernanke 等的模型设定中都假设稳态时资本和总价净值的比值为 2，但是统计可得中国资产负债比为 0.58 左右，本章重新将取值调整为 2.38。企业的存活率 v，按照 Bernanke 等的代表性研究假设记为 0.9728，同时可以推断出一个企业的平均期望存活年限为 36 年。根据 Sinclair 的设定，LTV 比率整体的持续性系数 ρ_g、资本价格的持续性系数 ρ_q 和贷款额的持续性系数 ρ_l 分别取为 0.90、0.75、0.87。参数设定汇总见表 6-1。[5]

[1] Christensen, I., Dib, A., "The Financial Accelerator in an Estimated New Keynesian Model", *Review of Economic Dynamics*, 11, 2008, pp. 155 - 178.

[2] Bernanke, B.S., Gerlter, M., Gilchrist, S., "The Financial Accelerator in A Quantitative Business Cycle Framework", *Handbook of Macroeconomics*, 1, 1999, pp. 1341 - 1393; Ireland, P., "Endogenous Money or Sticky Prices?", *Journal of Monetary Economics*, 50, 2003, pp. 1623 - 1648；崔光灿：《资产价格、金融加速器与经济稳定》，《世界经济》2006 年第 11 期，第 59~96 页。

[3] 石柱鲜、孙皓、邓创：《中国主要宏观经济变量与利率期限结构的关系：基于 VAR-ATSM 模型的分析》，《世界经济》2008 年第 3 期，第 53~59 页。

[4] 相当于该贷款利率同 3 个月零息债券利率之间的差值。

[5] Sinclair, P., Sun, L., "A DSGE Model for China's Monetary and Macroprudential Policies", *MPRA Paper*, 62580, 2014.

表 6 - 1　结构参数的校准值

参数	参数的经济含义描述	参数校准值
β	折算因子	0.9928
η	家庭部门闲暇对效用的贡献	1.315
θ	商品替代弹性	6
δ	资本折旧率	0.025
b	货币供给冲击参数	0.062
ρ_g	LTV 比率整体的持续性系数	0.90
ρ_q	资本价格的持续性系数	0.75
ρ_l	贷款额的持续性系数	0.87
π	总稳态通货膨胀率	1.0079
υ	企业的存活率	0.9728
s	稳态时期风险溢价	1.0075
k/n	稳态时资本净值比	2.38

　　其余的政策性参数如企业外部融资升水同杠杆之间的弹性关系 ψ，则由最大似然估计法进行数值的模拟，并将 Kalman 滤波法引入其中。由于本章最终得到的是状态空间模型①，由 ε_t 中的冲击以及 Φ_1、Φ_2、Φ_3 中的结构参数来对模型进行估计，因此暂时无法通过校准来确定的参数也可以由以产出、投资、实际余额、短期名义利率和通货膨胀率五项为基础的极大似然估计法得出。产出可以由实际 GDP 减掉政府支出来表示，投资由实际国内投资总额来衡量，实际余额用基础货币比上 GDP 平减指数来计算，短期名义利率用 3 个月的短期国债收益率替代。模拟过程中，采用

———————

　　①　状态空间模型是动态时域模型，以隐含的时间为自变量。

了 3 种不同的模型：第一个是设定不存在金融加速器机制的模型，即 $\psi = 0$（下称 NoFA 模型），第二个是包含金融加速器机制的模型（下称 FA 模型），第三个是在 FA 模型基础上引入宏观审慎政策工具的模型（下称 LTV-FA 模型）。

二 数值模拟分析

数值模拟时考虑 3 种情况，即上述的 NoFA 模型、FA 模型及 LTV-FA 模型。

表 6 – 2 模拟政策参数的校准值

参数	NoFA 模型		FA 模型		LTV-FA 模型	
	估计值	标准差	估计值	标准差	估计值	标准差
ψ	—	—	0.0420	0.0137	0.0344	0.0918
χ	0.4913	0.1293	0.5882	0.1742	0.5327	0.1544
α	0.3741	0.0363	0.3384	0.0259	0.3677	0.0309
γ	0.0857	0.0211	0.0598	0.0039	0.0854	0.0249
φ	0.7674	0.0408	0.7418	0.0118	0.7633	0.3354
ϖ_π	1.3557	0.2098	1.4059	0.0788	1.3879	0.2564
ϖ_y	0.1379	0.0647	0.2947	0.0690	0.2449	0.0711
ϖ_μ	0.7212	0.2135	0.6532	0.0783	0.6581	0.1156
σ_R	0.0061	0.0013	0.0058	0.0003	0.0071	0.0009
ρ_A	0.7745	0.0561	0.7625	0.0262	0.7693	0.0433
σ_A	0.0128	0.0067	0.0096	0.0015	0.0118	0.0054
ρ_b	0.5547	0.0164	0.7206	0.0242	0.6692	0.0186
σ_b	0.0135	0.0028	0.0103	0.0008	0.0124	0.0012
ρ_z	0.7549	0.0380	0.6156	0.0194	0.7066	0.0230

参数	NoFA 模型		FA 模型		LTV-FA 模型	
	估计值	标准差	估计值	标准差	估计值	标准差
σ_z	0.0083	0.0012	0.0073	0.0007	0.0075	0.0021
ρ_x	0.7930	0.0476	0.6562	0.0161	0.7018	0.0299
σ_x	0.0240	0.0055	0.0331	0.0039	0.0327	0.0049

在表 6-2 中，我们可以清晰地看到，宏观审慎政策 LTV 上限工具对于模型的稳定有很突出的贡献。由标准差来衡量的政策参数波动性，普遍得到了较好的降低效果。从货币政策效果来看，用于衡量货币政策对通货膨胀、产出、货币增长反应的参数 ϖ_π、ϖ_y、ϖ_μ 都为正数且统计显著，且仅有 ϖ_μ 在基准模型中的值略有上升，同实际情况相符合。

同时，结果还显示，关键参数 ϖ_y 的标准差在 FA 模型中明显要更高，这也表明金融加速器机制在经济体受到冲击时确实起到了一定的作用。在融资更加多元化且不稳定的背景下，作用于企业的金融加速器效应放大了产出对经济造成的影响。因此，相对于没有金融加速器机制的情形，货币当局为了稳定市场经济，必须实施更加激进的调控，对产出扰动的反应程度因此上升。值得注意的是，在运用宏观审慎监管工具 LTV 的情况下，该参数有了明显的恢复，这也说明宏观审慎政策对由金融加速器造成的放大效应有一定程度的缓解作用，单位产出冲击对经济的影响程度有所降低。

另外，模拟结果表明，投资扰动项在几种模型中都有很大的波动率。但 σ_x 在 FA 模型中的 0.033 要大于不包含金融加速器的模型中的 0.024。然而，冲击在金融加速器模型中的持续度低于

NoFA 模型（通过自回归系数之间的比较可以得到）。同时，宏观
审慎政策的加入没能有效地恢复波动率和持久度。可见，投资对
经济体产生的实际影响在一定程度上要比其他因素显著。这与
Ireland 的实证结论一致，Ireland 认为投资冲击对经济体的影响是
造成 20 世纪 90 年代投资潮的主要原因。[1]

第四节 脉冲响应分析

为了观察金融加速器以及宏观审慎政策的陆续加入对经济体
受到结构性冲击后关键宏观变量的前后变化情况，我们在 MMDB
的 Dynare 编程基础上在 MATLAB 中绘制了脉冲响应函数图。

图 6 - 1 至图 6 - 5 描述了经济体宏观变量分别面对 1 单位货
币政策、技术、货币需求、偏好、投资效率的正向冲击时在 3 种
模型中的反应情况，每个变量均按照偏离其稳定状态水平的数值
进行描述。

从图 6 - 1 可以看出，在货币政策收紧的情况下，除名义利率
呈现上升外，产出、投资、消费、劳动、通货膨胀均在受到冲击
后显著下降。金融加速器效应在其中表现明显，FA 模型中各宏观
变量受到冲击后的变化幅度基本上要大于 NoFA 模型。货币政策
紧缩，由于资本回报的减少以及现有负债的增加，净资产总额随
之下降。[2] 外部融资成本上升，反映出工资的杠杆率在上升。更
高的融资成本意味着需求随之减少，因此，资本的期望价格会下

---

① Ireland，P.，"Endogenous Money or Sticky Prices?"，*Journal of Monetary Economics*，50，
2003，pp. 1623 - 1648.
② 这里面涉及欧文·费雪提出的债务通缩问题。

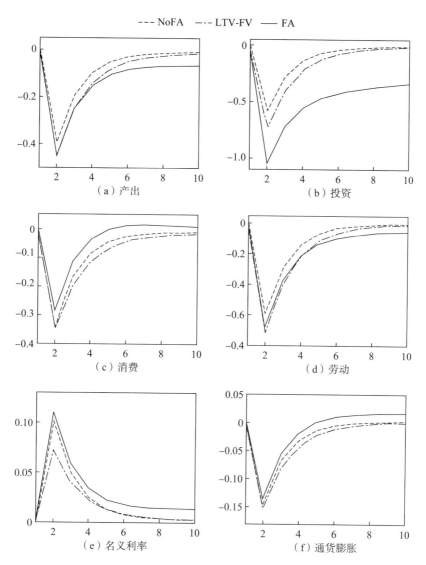

图6-1　货币政策紧缩下不同模型经济体中宏观变量的反应

降到稳态值以下。很明显，金融加速器机制的存在使得货币政策
对投资和资本价格的冲击影响显著，与稳态值的偏移均是 NoFA
模型中的两倍并维持了更长时间。对消费来说，金融加速器机制
的存在并没有使其过度恶化，这是因为金融加速器机制主要作用

于企业融资，家庭部门消费在正常情况下所受到的冲击已经得到充分收缩。

更为重要的是，在模型中进一步加入宏观审慎监管工具 LTV 上限后，经济体中宏观变量受到的冲击程度明显下降，且以产出和投资这两者最为显著。主要原因是，对 LTV 比率的限制使得企业在借贷活动中面对一个门槛值，只有符合监管要求的企业才可以获得相应的融资，监管要求排除了劣质企业，使得产出和投资在经济衰退冲击下的萎缩有所缓解，持续时间也相对缩短。而在产出和投资恢复的同时进一步刺激了家庭部门的劳动意愿，使得整体劳动水平重新回到稳态。

从图 6-2 可以看出，在技术冲击正向偏移 1 单位的情况下，产出大幅增长，但金融加速器和宏观审慎政策对产出基本不会造成影响。其他宏观变量的变化情况有所不同。消费有边际扩张的趋势，同时，在有金融加速器的模型中，投资的上升幅度呈现收缩趋势。科技进步使得通货膨胀率和名义利率均有所下降。通货膨胀率的下降增加了还清债务的实际花费，进一步降低了净资产。[①] 总量较低的净资产增加了外部融资成本，使得资本需求降低。而宏观审慎监管政策的加入会使得两者的偏移程度大幅下降，意味着对外部融资成本的提升有缓解作用，将资本需求维持在一个可控状态。与其他黏性价格模型类似，由于正向技术进步取代了部分劳动力投入，工作时长在技术冲击下大幅减少。但工作时长的变化程度不随经济政策而改变。总而言之，消费、资本价格、产出、劳动时长等与技术冲击挂钩的变量对技术进步的反应在金融加速器和国家政策不同的情况下都并未产生明显偏差。

---

① 净资本的降低持续时间相对较长，可以维持 30 个季度。

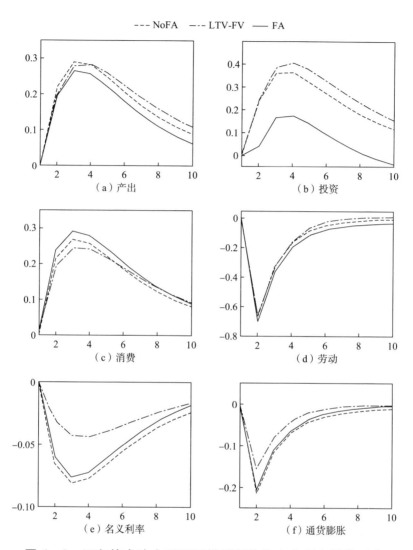

图 6 - 2　正向技术冲击下不同模型经济体中宏观变量的反应

图 6 - 3 反映了经济体各变量受到 1 单位正向货币需求冲击的偏离程度。此时，由于对实际货币余额的需求增大，消费和储蓄都随之下降，同样抑制了产出和投资。此外，虽然产出减少，但经济体对货币流动性的需求增加，因而通货膨胀率上升，货币当局会采取提高名义利息与增加货币供给的措施。在金融加速器模型中，由

于放大机制的存在，投资的下降幅度会相对更大，货币需求上升，资本价格也相应增加更多。但是我们可以看到，在加入了对 LTV 比率控制的宏观审慎监管政策之后，对各经济变量的反应都起到了较好的缓解作用，体现为偏离稳态的程度有所降低。

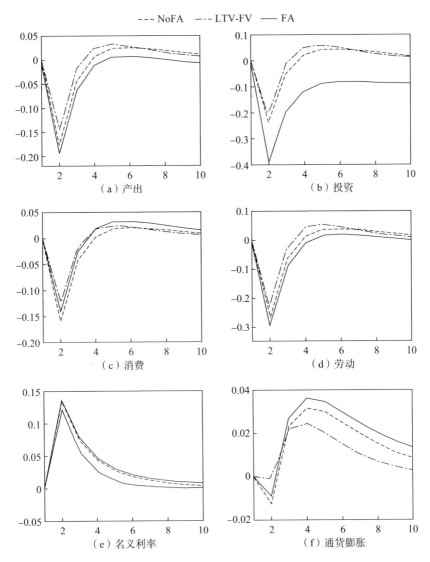

图 6-3　正向货币需求冲击下不同模型经济体中宏观变量的反应

图 6-4 反映了经济体各变量受到 1 单位正向偏好冲击时的偏离程度。在家庭部门偏好改变的情况下，需要观察投资的变化方向。正向偏好冲击说明家庭部门的风险承受能力增强，进而提升消费边际效用，也就提高了储蓄的边际成本。家庭部门会将存款的一部分转为消费，存款的报酬率就会因此上升。金融加速器机制放大了投资的降低，但产出和消费的变化同基准模型近乎相同。在金融加速器模型中，由于实际存款利率对公司净资产存在负向作用，因而对投资有较大影响。宏观审慎政策 LTV 上限工具明显将由金融加速器效应引发的扩张负影响熨平。至此，可以判断，宏观审慎政策工具对经济体的稳定起到了关键作用。

图 6-5 反映了经济体各变量受到 1 单位正向投资效率冲击时的反应。由于一部分最终产品最终会成为投资，因而产出反应为正向。产出、投资、劳动在 3 个模型中都会首先随之上升，然后逐渐恢复稳态水平。但在金融加速器模型中，各变量的反应并没有基准模型和宏观审慎政策模型明显。这是因为，在金融加速器模型中，现有资本的替代消费减少了，降低了资本回报，进而降低了企业净值。而这又进一步导致外部融资成本增加，提高了投资成本，最终降低投资总量。所以消费和投资在金融加速器模型中变动都不剧烈。相对应的，宏观审慎政策工具也就无法很好地呈现效用。

总而言之，金融加速器机制的引入使得模型内各经济变量在受到货币政策、货币需求以及偏好冲击等供给侧的冲击时更加不稳定，而宏观审慎政策能有效地抑制这一趋势。表 6-3 的第 6~14 列给出了经济体受到不同组合冲击时宏观经济变量的标准差和相对波动值。当模型仅受到需求冲击时，投资相对波动在金融加速器模型中几乎是基准模型中的两倍，而在 LTV-FA 模型中，这一

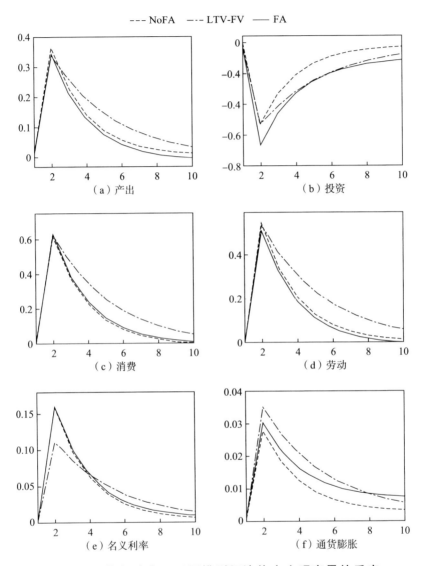

图 6－4　偏好冲击下不同模型经济体中宏观变量的反应

波动有所减弱。供给冲击可以说是几种冲击中造成波动最强的了。但是我们发现，投资的波动在金融加速器模型中要弱于基准模型。最后，当不考虑投资冲击时，FA 模型和 LTV-FA 模型中宏观经济变量的波动性相近。在以产出为单位值的情况下，LTV-FA

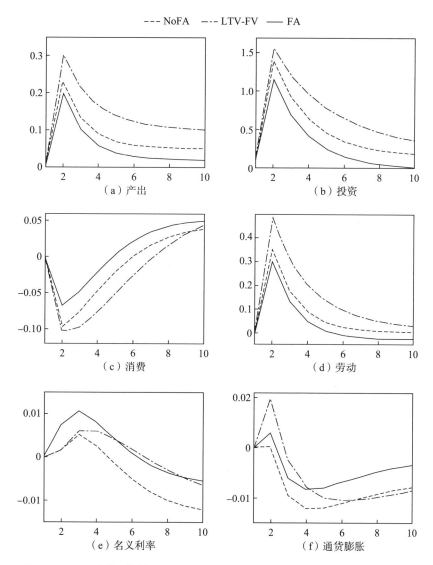

图 6 – 5　正向投资效率冲击下不同模型经济体中宏观变量的反应

模型的表现略优于金融加速器模型。与此同时，产出波动相对变小，这一现象在包含金融加速器的模型中最为突出。因此，在考虑投资冲击对模型造成的影响时，应该对黏性价格模型同产出和投资波动的适配性做进一步分析。

表 6 – 3　宏观经济变量的标准差和相对波动

变量	稳态值	所有冲击			需求冲击			供给冲击			去除投资冲击的情况		
		FA	NoFA	LTV-FA	FA	NoFA	LTV-FA	FA	NoFA	LTV-FA	FA	NoFA	LTV-FA
标准差（%）													
y_t	1.04	1.14	1.62	2.08	0.59	0.47	0.58	0.98	1.15	2.00	0.80	0.77	1.03
i_t	5.61	4.95	6.22	6.34	1.54	0.69	0.94	4.71	6.18	6.27	1.61	1.03	1.52
C_t	0.72	1.15	1.34	1.76	0.67	0.63	0.84	0.94	1.18	1.54	0.91	0.85	1.12
M_t	1.52	1.93	2.60	2.88	1.06	0.93	0.79	1.61	2.43	2.77	1.61	1.54	1.69
R_t	0.31	0.31	0.40	0.33	0.26	0.23	0.24	0.18	0.33	0.22	0.30	0.29	0.27
π_t	0.21	0.31	.043	0.35	0.15	0.12	0.13	0.27	0.41	0.32	0.28	0.29	0.27
相对波动情况													
y_t	1	1	1	1	1	1	1	1	1	1	1	1	1
i_t	5.40	4.34	3.84	3.05	2.61	1.47	1.62	4.81	5.37	3.13	2.01	1.34	1.48
C_t	0.69	1.01	0.82	0.84	1.13	1.34	1.45	0.96	1.02	0.77	1.14	1.10	1.09
M_t	1.46	1.68	1.60	1.38	1.79	1.97	1.36	1.64	2.11	1.38	2.01	2.00	1.64
R_t	0.30	0.27	0.25	0.16	0.44	0.49	0.41	0.18	0.29	0.11	0.37	0.38	0.27
π_t	0.20	0.27	0.26	0.17	0.25	0.26	0.26	0.28	0.36	0.16	0.35	0.38	0.26

第五节　方差分解

　　不同时点变量的预测方差可以分解为对不同冲击的解释，当时间点足够大时，可以理解为冲击对变量波动的贡献。下文利用方差分解在 3 个模型中分析各冲击对产出、投资、消费、实际货币余额、名义利率以及通货膨胀率这 6 个宏观经济变量波动的贡献度。表 6 – 4 和表 6 – 5 分别给出了向前 1 期和向前 10 期的方差分解情况。总体来看，这些方差的构成情况在 3 个模型中的分布较为一致。

在 3 个模型中，投资的有效性冲击对产出波动的贡献值最大。这一结论同 Christiansen 等的研究结论相一致。[1] 同时，Justinano 也在研究中指出，投资的变动对实体经济变量造成的冲击最大。[2] 此外，在所有 3 类模型中，投资效率冲击也是导致投资波动的最主要原因，基本达到 90% 以上，这与投资消费自身的自相关性有关。当然，这个结果也说明，金融加速器模型可以放大各宏观经济变量的波动程度和持续时间，宏观审慎政策工具可以相应地熨平金融加速器效应。

表 6 - 4　向前 1 期的方差分解

宏观变量	方差	因素百分比				
		技术	货币需求	货币供给	偏好	投资
基础模型						
y_t	0.0078	5.72	4.17	6.62	8.88	74.59
i_t	0.2131	0.25	0.28	0.53	0.70	98.24
C_t	0.0041	10.34	6.44	9.45	48.89	24.87
M_t	0.0061	33.22	17.85	30.0	0.01	18.92
R_t	0.0004	9.86	47.30	8.81	33.96	0.07
π_t	0.0005	84.29	0.33	14.53	0.84	0.00
金融加速器模型						
y_t	0.0064	5.44	6.34	10.83	9.76	67.6
i_t	0.1490	0.01	1.08	2.47	1.59	94.8

① Christensen, I., Dib, A., "The Financial Accelerator in an Estimated New Keynesian Model", *Review of Economic Dynamics*, 11, 2008, pp. 155 – 178.
② Justiniano, A., Primiceri, G. E., Tambalotti, A., "Investment Shocks and Business Cycles", *Journal of Monetary Economics*, 57 (2), 2010, pp. 132 – 145.

续表

宏观变量	方差	因素百分比				
		技术	货币需求	货币供给	偏好	投资
金融加速器模型						
C_t	0.0036	14.52	5.78	7.58	58.32	13.8
M_t	0.0060	34.93	18.71	29.53	0.00	17.25
R_t	0.0004	7.93	47.12	10.15	33.29	1.51
π_t	0.0005	84.60	0.19	13.29	1.05	0.86
宏观审慎策略加入后的模型						
y_t	0.0079	8.80	4.77	9.46	10.0	66.96
i_t	0.1457	0.69	0.551	1.38	1.35	96.03
C_t	0.0046	13.15	5.92	10.11	57.48	13.37
M_t	0.0058	37.66	12.43	37.35	0.01	12.54
R_t	0.0004	3.95	68.52	5.02	22.48	0.03
π_t	0.0005	77.03	0.01	16.98	1.67	4.31

表 6 - 5　向前 10 期的方差分解

宏观变量	方差	因素百分比				
		技术	货币需求	货币供给	偏好	投资
基础模型						
y_t	0.0168	21.01	2.22	4.07	6.42	66.26
i_t	0.3735	1.52	0.18	0.39	0.66	97.23
C_t	0.0096	31.67	3.15	5.41	33.21	26.55
M_t	0.0286	50.35	20.97	8.55	0.07	20.07
R_t	0.0009	30.65	31.25	5.18	24.78	8.14
π_t	0.0012	54.21	3.63	7.90	0.98	33.57
金融加速器模型						
y_t	0.0117	23.48	3.88	9.60	8.05	54.96

宏观变量	方差	因素百分比				
		技术	货币需求	货币供给	偏好	投资
金融加速器模型						
i_t	0.2235	0.38	1.20	4.45	2.22	91.73
C_t	0.0096	37.80	2.75	3.39	35.44	20.60
M_t	0.0272	52.68	22.21	8.64	0.09	16.36
R_t	0.0009	26.39	34.81	7.41	26.87	4.50
π_t	0.0009	66.10	6.95	9.10	1.41	16.42
宏观审慎策略加入后的模型						
y_t	0.0247	27.35	1.79	4.44	6.86	59.55
i_t	0.3754	3.59	0.26	0.78	1.28	94.08
C_t	0.0141	36.17	2.23	4.95	42.04	14.61
M_t	0.0303	67.08	9.02	10.47	0.16	13.25
R_t	0.0007	21.41	45.20	3.78	27.83	1.77
π_t	0.0009	59.94	3.72	13.48	2.39	20.46

在去掉投资冲击后，再次观察其他剩余冲击对宏观经济变量波动的贡献（见表6-6）。

表6-6 排除投资冲击情况下向前1期的方差分解

宏观变量	方差	因素百分比				
		技术	货币需求	货币供给	偏好	投资
基础模型						
y_t	0.0020	22.54	16.44	26.06	34.96	0
i_t	0.0037	14.25	15.91	29.97	39.87	0
C_t	0.0031	13.79	8.58	12.57	65.08	0

宏观变量	方差	因素百分比				
		技术	货币需求	货币供给	偏好	投资
基础模型						
M_t	0.0050	40.97	22.02	37.0	0.01	0
R_t	0.0004	9.86	47.33	8.82	33.99	0
π_t	0.0005	84.30	0.33	14.53	0.84	0
金融加速器模型						
y_t	0.0021	16.82	19.57	33.47	30.14	0
i_t	0.0077	0.18	20.94	48.01	30.86	0
C_t	0.0031	16.84	6.71	8.80	67.65	0
M_t	0.0050	41.70	22.61	35.69	0.00	0
R_t	0.0004	8.06	47.84	10.30	33.80	0
π_t	0.0005	85.33	0.19	13.41	1.06	0
宏观审慎策略加入后的模型						
y_t	0.0026	26.63	14.43	28.64	30.29	0
i_t	0.0058	17.38	13.73	34.90	33.98	0
C_t	0.0040	15.12	6.84	11.67	66.36	0
M_t	0.0051	43.06	14.22	42.71	0.02	0
R_t	0.0004	3.95	68.54	5.02	22.49	0
π_t	0.0005	80.49	0.01	17.75	1.75	0

货币供给政策冲击在基础模型中对产出和投资的波动贡献度都相对较小，与 Christiano 的研究结论相一致。[①] 在金融加速器模

① Christiano, L. J., Eichenbaum, M., Evans, C. L., "Nominal Rigidities and the Dynamic Effects of a Shock to Monetary Policy", *Journal of Political Economy*, 113 (1), 2005, pp. 1 - 45.

型中，货币供给冲击对宏观变量的波动贡献达到了 1/3。加入宏观审慎政策工具后，明显可以发现对 LTV 率的上限约束能够较好地降低货币政策对产出和投资的波动贡献，因而起到了稳定宏观经济的作用。

第七章
基于银行预期管理的宏观审慎
监管工具创新

第一节　预期研究概述

　　预期作为市场不确定性条件下影响市场行为主体经济决策的
基本要素，始终是理论与实践界关注的重要议题。经济学家对预
期的讨论可以追溯到庇古的《工业波动论》。[①] 20 世纪 70 年代前
后，Muth 和 Lucas 等学者围绕预期形成机制深入挖掘并取得开创
性进展，为货币理论发展奠定了坚实的微观基础。[②] 随着该领域
研究的不断深入，预期不仅融入经济理论各个层面，成为联结微
观、中观与宏观分析的纽带，同时开启了更加广阔的经济学研究

---

①　〔英〕庇古：《工业波动论》，高耀琪译，商务印书馆，1999，第 132 ~ 134 页。

②　Muth, J. , "Rational Expectations and the Theory of Price Movements", *Econometrica*, 29, 1961, pp. 315 – 335; Lucas, R. J. , "Expectations and the Neutrality of Money", *Journal of Economic Theory*, 4（2）, 1972, pp. 103 – 124.

视野。[①]

预期的宏观经济效应由于蕴含丰富的政策内涵长期以来吸引了众多学者的研究兴趣，预期在宏观经济波动中所扮演的重要角色得到广泛认同。实际上，预期对宏观经济的影响在早期经典文献中已有所阐述。如《工业波动论》指出，在经济主体对未来经济预期较为乐观时将增加资本投入，如果预期未能实现则会缩减投资，进而可能造成经济衰退。相对于庇古强调的投资渠道，凯恩斯在《就业、利息和货币通论》中则认为预期在动物精神（animal spirits）驱使下通过影响总供给和总需求最终引发经济波动。[②] 遗憾的是，尽管早期研究普遍认识到预期对经济周期波动存在潜在影响，却将其置于核心理论体系之外的心理因素范畴。因此，对预期作用的论述明显缺乏系统性和经验性分析。

随着数理方法与实证技术的推陈出新以及行为经济学的异军突起，预期驱动经济周期的渠道和机制逐渐得到了更加直观的验证。其中，一类研究侧重于探究经济基本面消息如何驱动经济周期波动，检验了消息冲击通过影响经济主体预期而改变其投资、消费行为及工作决策并最终导致宏观经济波动这一逻辑。例如，Beaudry 等创造性地在实际经济周期模型（RBC 模型）中刻画了

---

① Jaimovich, N., Rebelo, S., "Can News about the Future Drive the Business Cycle?", *American Economic Review*, 99（4）, 2009, pp. 1097 – 1118; Bachmann, R., Elstner, S., "Firm Optimism and Pessimism", *European Economic Review*, 79, 2015, pp. 297 – 325; Fan, H., Gao, X., Xu, J., Xu, Z., "News Shock, Firm Dynamics and Business Cycles: Evidence and Theory", *Journal of Economic Dynamics and Control*, 73, 2016, pp. 159 – 180.

② 〔美〕约翰·梅纳德·凯恩斯：《就业、利息和货币通论》，金碚、张世贤译，经济管理出版社，2012，第 182～186 页。凯恩斯预期理论最早提出"动物精神"概念用来反映经济主体的主观情绪与心理状况，具体是指经济主体依靠自发的本能行为进行决策，而不是对加权收益值和成功概率进行理性判断。

全要素生产率（TFP）消息冲击所形成的经济周期扩张，并揭示了良好预期如何通过改变经济主体的消费和劳动供给导致经济衰退的机制，为后续研究提供了有益启发。[①] 而 Jaimovich 等在其基础上构建了两部门 RBC 模型，更加细致地讨论了总体与部门联动对 TFP 消息与预期冲击的反应，进一步明晰了预期作用于经济周期的路径。[②] Schmitt-Grohe 等则利用随机动态一般均衡模型（DSGE 模型）和贝叶斯估计方法测度了经济主体预期变动对美国二战后经济周期波动的贡献，结果表明预期冲击可以解释一半左右的产出波动。[③] 另一类研究则侧重于考察动物精神，包括认知（行为）偏差、信心（belief）和情绪（sentiment）等行为主体非理性预期对经济周期的影响。例如，Farmer 等构建了一个由动物精神驱动总产出波动的非标准 RBC 模型，通过与两个设置不同的标准 RBC 模型进行比较发现，包含动物精神的模型能够更好地解释美国宏观经济波动。[④] Eusepi 等开发了一个包含学习行为主体的预期驱动经济周期模型，结果显示行为主体对资本与工资未来收益的错误性乐观和悲观均可导致技术冲击被放大和传递。[⑤] Milani 提出假设经济主体预期源自有限理性学习模型，并将情绪冲击引入 DSGE 模型框架，结果表明情绪冲击与投资决策高度相关，可以解

① Beaudry, P., Portier, F., "An Exploration into Pigou's Theory of Cycles", *Journal of Monetary Economics*, 51 (6), 2004, pp. 1183 – 1216.

② Jaimovich, N., Rebelo, S., "Can News about the Future Drive the Business Cycle?", *American Economic Review*, 99 (4), 2009, pp. 1097 – 1108.

③ Schmitt-Grohe, S., Uribe, M., "What's News in Business Cycles", *Econometrica*, 80 (2), 2012, pp. 2733 – 2764.

④ Farmer, R. E., Guo, J. T., "Real Business Cycles and the Animal Spirits Hypothesis", *Journal of Economic Theory*, 63 (1), 1994, pp. 42 – 72.

⑤ Eusepi, S., Preston, B., "Expectations, Learning, and Business Cycle Fluctuations", *American Economic Review*, 101 (6), 2011, pp. 2844 – 2872.

释 40% 以上的美国经济周期波动。① 可见，无论基于传统经济学的理性预期假设还是行为经济学的非理性预期假设，在差异迥然的分析框架和方法论体系中，预期均可被视为经济周期波动的重要驱动因素。

然而，总结上述文献不难发现已有研究仍存在以下两个问题：第一，大多数预期驱动经济周期的研究侧重于讨论 TFP、消费和投资等传统经济周期影响因素在其中的作用，对金融因素的讨论不够深入，制约了研究的全面性和现实性；第二，在如此研究思维桎梏下，缺乏对重要经济主体预期尤其是金融市场经济主体预期作用的考察，导致结论的政策启示性和应用性不足。与以往文献有所不同，本章的贡献在于选择银行预期作为突破口，在阐明银行预期变化驱动经济周期的传递路径及机制基础上，通过多种实证方法加以验证，并与普遍采用的信贷周期代理指标展开对比分析，揭示了银行预期的理论研究和实践应用价值，丰富了相关领域的研究视角，为中国宏观调控预期管理的政策导向、工具选择及其与宏观审慎监管政策的结合等提供了经验支持，丰富了宏观审慎监管工具箱。

中国经济预期管理体系的构建与完善势在必行，而银行预期管理必将在其中占据重要位置。作为货币政策等传统宏观调控手段的有益补充，预期管理在美国等国家应对全球金融危机和经济复苏过程中发挥了积极作用。近年来，引入预期管理已经成为中国宏观调控方式的创新方向之一，国家"十三五"规划纲要更是

---

① Milani, F., "Sentiment and the U. S. Business Cycle", *Journal of Economic Dynamics and Control*, 82, 2017, pp. 289 – 311.

明确提出"改善与市场的沟通，增强可预期性和透明度"。银行部门作为中国社会融资的主要来源，不仅通过信贷资源的优化配置润滑实体经济，同时作为货币政策的传导渠道对货币政策的有效性产生一定影响。同时，银行部门还是中国系统性金融风险的主要来源，其风险防控对于维护金融体系稳定至关重要。而银行预期作为银行体系运行中的一种内部信号，其透射出的信息远不止于金融层面，还反映了金融风险、经济走势、政策导向及企业效益等诸多领域。可见，银行预期研究不仅有助于判断银行自身对内、外部冲击的吸收与调整，其变动趋势更是判断经济周期波动态势与实施宏观调控预期管理的关键指标和结合点，完全可以纳入宏观审慎政策工具箱。

第二节　银行预期作用于经济周期的理论基础

　　银行预期能否胜任宏观审慎监管政策工具的基础是银行预期的金融经济影响是否显著，尤其是与其他一些已经被广泛接受的金融经济变量和指标相比是否具有优势。对这一问题的判断，显然可以从理论与实证两个角度加以验证。首先在理论层面，银行作为金融市场的核心参与者，其预期变化在信贷周期的媒介作用下显著推动经济周期波动，因此可以提出"银行预期驱动经济周期"这一研究假设。[①]

　　首先，银行预期在信贷周期形成过程中发挥了关键作用。奥地利学派在其经济周期理论中首次提出信贷周期（credit cycle）

---

　　① 没有特殊说明，本章的"银行"一词特指"商业银行"。

的概念，用以反映信贷规模在内生和外生机制共同作用下的扩张与紧缩现象。[①] 根据企业行为理论，预期是企业调整经营与投资决策的基本决定要素[②]。商业银行作为金融企业，业务范围主要集中在吸收存款和发放贷款。因此，银行预期的改变势必通过影响信贷发放意愿和审批标准引起信贷波动，这一观点在基于理性预期和非理性预期假设的两类研究中得到了统一。[③] 例如，Rötheli研究表明银行的有限理性预期是信贷发放决策的重要依据。[④] 当实体经济不景气时，银行对信用风险的预期过度悲观，信贷政策趋于紧缩；当经济状况好转时，取而代之的是对经济形势预期过度乐观，信贷往往随之迅速扩张。Bordalo 等则认为，信贷周期由一种信心形成的"诊断型预期"（diagnostic expectations）所引发。[⑤] 在此心理模式下，银行对未来信贷违约率的预期来自直觉式推测：基本面消息较好时，银行会预期经济繁荣趋势将持续，因而扩大信贷投放；如果坏消息冲击，则银行会预期衰退趋势将持续，信贷规模将迅速萎缩，如此循环往复。与上述行为金融的研究结论类似，Iacoviello 认为在信贷繁荣期，如果银行资本受到经济基本面消息的冲击而缩水，银行预期将大幅下降并选择减少借贷，即

---

① 西方学者对信贷周期的研究可以追溯到 1844 年银行学派代表人物图克（Thomas Tooke）对货币数量论收入分配法的批判，但直到新奥地利学派奠基人哈耶克（Friedrich A. Hayek）在其经济周期理论中采用"跨期均衡"分析方法讨论信贷周期，该领域研究才取得重大突破。

② 〔美〕理查德·西尔特、詹姆斯·马奇：《企业行为理论》，李强译，中国人民大学出版社，第 2 版，2008，第 85~87 页。

③ 信贷供给显然受到利率等货币政策冲击的影响，但本章强调类似冲击均通过影响银行预期间接影响信贷规模及投向。

④ Rötheli, T. F., "Boundedly Rational Banks' Contribution to the Credit Cycle", *The Journal of Socio-Economics*, 41 (5), 2012, pp. 730 – 737.

⑤ Bordalo, P., Gennaioli, N., Shleifer, A., "Diagnostic Expectations and Credit Cycles", *The Journal of Finance*, 73 (1), 2018, pp. 199 – 227.

便借款人愿意支付更高的利率，银行发放信贷时也会变得更加严格并遵循更高的贷款标准，甚至会通过各种各样的理由拒绝发放或者少发放贷款。[1] 显然，放松贷款标准所激发的信贷繁荣和接踵而来的信贷紧缩构成了信贷周期形成的基础条件，不仅增加了银行乃至整个金融系统的风险，而且加剧了宏观经济波动。[2]

其次，信贷周期对经济周期波动的影响日益显著，已在全球范围内被视为金融和经济危机爆发的根源。20 世纪 70 年代形成的不完全信息论推动了金融摩擦在经济周期研究中的广泛运用，金融市场不完美性对 MM 定理等金融"中性论"构成了严峻挑战。在此过程中，无论是大量理论文献还是现实中频繁发生的金融危机，无不揭示信贷周期在宏观经济波动中的重要作用，其具体机制可以概括为两种不同角度的理论解释。第一种解释强调信贷周期对经济周期影响的外生性，在分析框架中通常基于理性预期假设并引入金融摩擦，其典型代表为金融加速器理论。根据该理论，当权益融资受限时，投资和消费机会主要依靠债务融资模式并面临外部融资的代理成本问题，体现为外部融资升水。假设某一时期经济受到负面冲击，在信贷市场摩擦存在的情况下，利用杠杆进行投资和消费的企业与家庭将被迫减少借贷，并削减未来投资和消费，总需求随之降低，导致经济活动萎缩，企业与家庭的资产净值和抵押物价值因此降低，外部融资升水进一步提

[1] Iacoviello, M., "Financial Business Cycles", *Review of Economic Dynamics*, 18 (1), 2015, pp. 140 – 163.

[2] Asea, P. K., Blomberg, B., "Lending Cycles", *Journal of Econometrics*, 83 (1 – 2), 1998, pp. 89 – 128; Dell'Ariccia, G., Igan, D., Laeven, L., "Credit Booms and Lending Standards: Evidence from the Subprime Mortgage Market", *Journal of Money, Credit and Banking*, 44 (2 – 3), 2012, pp. 367 – 384.

高，这一过程将如此延续下去。金融加速器理论阐述了任何较小的暂时性冲击都可能通过引发信贷扩张和收缩，最终对实体经济产生巨大的持续性冲击这一机制。[1] 近年来，金融加速器理论凭借对金融经济周期特征及次贷危机起因发展的出众解释能力，使得信贷周期传导和放大经济波动的作用得到广泛印证与肯定。[2]

另一种解释则着眼于金融体系自身具有的不稳定因素，强调信贷周期对经济周期影响的内生性，其典型代表有金融脆弱性理论（financial fragility theory）以及后续不断涌现的行为金融理论。其中，金融脆弱性理论主要包括 Minsky 提出的金融不稳定假说和 Kregel 提出的安全边界说。[3] 金融不稳定假说（financial instability hypothesis）认为，企业在经济繁荣期会不断提高杠杆比率，推高信贷规模，然而扩张必将盛极而衰，引发经济周期向下。也就是说，经济波动的"原罪"是信贷市场的内生不稳定性。与该假说的企业角度相对应，安全边界说（margins of safety）从银行角度对金融不稳定假说进行了阐释，认为银行在经济稳定阶段的乐观情绪逐渐降低了对企业贷款的安全边界，导致信贷规模在现金流小于预期项目上的不合理扩张，企业信贷风险敞口增大，生成金

---

[1] Bernanke, B. S., Gertler, M., Gilchrist, S., "The Financial Accelerator and Flight to Quality", *Review of Economics and Statistics*, 78 (1), 1996, pp. 1–15; Kiyotaki, N., Moore, J., "Credit Cycles", *Journal of Political Economy*, 105 (2), 1997, pp. 211–248.

[2] Gertler, M., Kiyotaki, N., "Financial Intermediation and Credit Policy in Business Cycle Analysis", *Handbook of Monetary Economics*, 3, 2010, pp. 547–599; Brunnermeier, M. K., Sannikov, Y., "A Macroeconomic Model with a Financial Sector", *American Economic Review*, 104 (3), 2014, pp. 379–421; Guerrieri, V., Lorenzoni, G., "Credit Crises, Precautionary Savings, and the Liquidity Trap", *The Quarterly Journal of Economics*, 132 (3), 2017, pp. 1427–1467.

[3] Minsky, H. P., "The Financial Instability Hypothesis", *Levy Economics Institute Working Paper*, 74, 1992; Kregel, J., "Margins of Safety and Weight of the Argument in Generating Financial Fragility", *Journal of Economic Issues*, 31 (2), 1997, pp. 543–548.

融脆弱性。在此情况下，一旦经济运行偏离预期，企业将逾期还贷，中止项目计划，进而引发"债务－通缩"式经济衰退。金融脆弱性理论的贡献在于揭示信贷周期产生及其对经济周期波动的影响均具有无法避免的内生性，同时也提示了信贷周期调控对于宏观经济稳定的重要性。[①] 受到金融脆弱性理论中经济主体心理因素作用的启发，行为金融理论认为信贷市场主体的情绪变化催生信贷周期并最终引起经济周期波动。在行为理论模型中，银行对未来信贷违约率的预期过度依赖于当前经济形势。当经济基本面消息较好时，银行会过度乐观，信贷息差（credit spreads）变小，信贷规模扩张，推动经济向上。但市场情绪通常存在一个内生的反转机制，因此，坏消息将引起信贷息差的急剧变动，所造成的信贷紧缩对宏观经济波动的影响也较为剧烈。[②] 可见，行为金融理论同样阐明了信贷周期对经济周期影响的内生性特征。

综上两点理由及相应文献的归纳可知，由银行预期推动形成的信贷周期最终显著作用于经济周期波动，信贷周期可视为银行预期影响经济周期波动的作用媒介。因此，本章将"银行预期驱动经济周期"作为预设结论具有丰富和充足的理论联系机理与证据支持。与此同时，以中国为背景展开研究主要基于以下两点思考。

第一，中国属于典型的银行主导型金融体系国家，银行业资产占社会金融资产的比例极高。尽管中国金融结构已逐步由单一银

---

① Schularick, M., Taylor, A. M., "Credit Booms Gone Bust: Monetary Policy, Leverage Cycles, and Financial Crises, 1870 – 2008", *American Economic Review*, 102 (2), 2012, pp. 1029 – 1061; Aikman, D., Haldane, A., Nelson, B., "Curbing the Credit Cycle", *The Economic Journal*, 125 (585), 2015, pp. 1072 – 1109.

② Bordalo, P., Gennaioli, N., Shleifer, A., "Diagnostic Expectations and Credit Cycles", *The Journal of Finance*, 73 (1), 2018, pp. 199 – 227; López-Salido, D., Stein, J., Zakrajšek, E., "Credit-Market Sentiment and the Business Cycle", *The Quarterly Journal of Economics*, 132 (3), 2017, pp. 1373 – 1426.

行资产向市场化、多元化方向有条不紊地过渡，但间接融资仍然是社会融资的主要方式。《中国金融年鉴（2016）》中的数据显示，截至 2015 年末，各项人民币贷款占社会融资规模存量的比例为 67.1%，而美国的同期数据是 7.8%。[1] 在此背景下，居高不下的全社会杠杆率特别是非金融企业杠杆率，提高了企业财务成本，造成企业债务违约风险上升。这不仅为信贷周期的形成提供了得天独厚的条件，将金融风险过度集中于银行部门，而且增加了信贷市场的脆弱性，为信贷风险向宏观经济的传递埋下了隐患。另外，中国银行业的内部结构还不够均衡，5 家大型国有商业银行资产占银行业金融机构资产总额的比例高达 39.2%，在国民经济发展过程中发挥了举足轻重的作用。[2] 国有银行在委托代理关系下普遍存在不同程度的"内部人控制"问题，容易形成管理层意志左右公司战略和经营决策的现象。[3] 当然，理论上只要存在委托代理关系，"内部人控制"问题就必然存在，股份制银行同样无法独善其身。[4] 无论如何，银行管理层脱离监管与规范决策程序的制约，将个人理性或非理性预期转化成银行预期，对信贷规模及投向构成干预，都可以被视为有利于信贷周期形成的经济环境因素，从而满足本章假设成立的理论基础条件。

第二，国内学者在预期驱动经济周期波动方面的研究成果颇

① 美国数据为美联储统计的"金融总资产"（total financial assets），该数据虽然在构成上与中国人民银行统计的"社会融资规模"不完全相同，但在一定程度上可以相互比较。
② 数据来自《2016 年中国金融稳定报告》。
③ 李波、单漫与：《国有银行治理结构与管理层激励》，《金融研究》2009 年第 10 期，第 57～67 页。
④ 广东金融学院中国金融转型与发展研究中心银行改革组：《中国国有银行改革的理论与实践问题》，《金融研究》2006 年第 9 期，第 1～14 页。

丰，预期冲击对中国宏观经济波动的影响已被众多文献检验和证实。[①] 然而，针对银行预期宏观效应这一具体研究主题，国内研究同样没有突破前文总结的两点不足，从而为后续研究提供了拓展空间。同时，国内学者在信贷与经济周期关联性方面的研究充分证明，信贷规模及其变化在金融加速器机制下显著影响中国宏观经济波动。[②] 此类文献可以作为前文所阐述信贷周期媒介作用存在性的补充与支撑，也表明了本章研究在中国的适用性。

第三节　变量选取、研究假设与实证方法

在有关预期的理论研究和政策分析中，采用调查问卷方式获取预期数据非常普遍。原因在于，现实中预期不仅是经济主体充分利用一切信息对未来经济做出的理性判断，同时融入了信心和情绪等心理因素的影响，难以直接通过数据定量衡量。而调查问卷通过搜集特定目标群体对未来通货膨胀等经济变量变动趋势的

① 陈彦斌、唐诗磊：《信心、动物精神与中国宏观经济波动》，《金融研究》2009 年第 9 期，第 89～109 页；庄子罐、崔小勇、龚六堂、邹恒甫：《预期与经济波动：预期冲击是驱动中国经济波动的主要力量吗？》，《经济研究》2012 年第 6 期，第 46～59 页；胡永刚、郭长林：《财政政策规则、预期与居民消费：基于经济波动的视角》，《经济研究》2013 年第 3 期，第 96～107 页；王频、侯成琪：《预期冲击、房价波动与经济波动》，《经济研究》2017 年第 4 期，第 48～63 页。
② 刘涛：《中国经济波动的信贷解释：增长与调控》，《世界经济》2005 年第 12 期，第 24～31、80 页；赵振全、于震、刘淼：《金融加速器效应在中国存在吗》，《经济研究》2007 年第 6 期，第 27～38 页；许伟、陈斌开：《银行信贷与中国经济波动：1993—2005》，《经济学》（季刊）2009 年第 3 期，第 969～994 页；江曙霞、何建勇：《银行资本、银行信贷与宏观经济波动：基于 C-C 模型的影响机理分析的拓展研究》，《金融研究》2011 年第 5 期，第 100～112 页；黄志刚：《经济波动、超额准备金率和内生货币：基于信贷市场资金搜寻和匹配视角》，《经济学》（季刊）2012 年第 3 期，第 909～942 页。

估计，有效获取了预期的原始数据，因此得到了广泛应用。① 目前，有关银行部门预期的数据大多来源于各国中央银行实施的银行调查问卷。美联储于 1964 年率先开展了银行信贷高级管理人员意见调查（Senior Loan Officer Opinion Survey，SLOOS），通过数据分析信贷需求、银行贷款标准和贷款意愿等问题。2000 年日本中央银行效仿美联储实施了大型银行信贷业务高级信贷员意见调查，用以预测信贷波动趋势。自 2003 年起欧洲央行也在欧元区统一实施银行信贷调查制度（Bank Lending Survey，BLS）。② 各国中央银行建立的银行调查问卷数据库为讨论银行预期的相关议题提供了便利。如 Lown 等利用 SLOOS 数据分析贷款标准与贷款供求之间的作用机制，结果表明预期贷款标准调整对实际 GDP 和投资活动的影响显著。③

中国人民银行从 2004 年开始发布《银行家问卷调查报告》。该调查采用全面调查与抽样调查相结合的方式。调查对象为全国各类银行机构（含外资商业银行机构）的总部负责人及其一级分支机构、二级分支机构的行长或主管信贷业务的副行长。参与调查的样本银行达到 3102 家，全面涵盖了所有银行类型，且结构比

---

① Leduc，S.，Sill，K.，"Expectations and Economic Fluctuations：An Analysis Using Survey Data"，*Review of Economics and Statistics*，95（4），2013，pp. 1352 – 1367；Ormeño，A.，Molnár，K.，"Using Survey Data of Inflation Expectations in the Estimation of Learning and Rational Expectations Models"，*Journal of Money Credit and Banking*，47（4），2015，pp. 673 – 699；Fuhrer，J.，"Expectations as a Source of Macroeconomic Persistence：Evidence from Survey Expectations in a Dynamic Macro Model"，*Journal of Monetary Economics*，86，2017，pp. 22 – 35.

② 银行家问卷调查制度在各国的发展情况详见鹿亚新、杨文悦、张婷婷、幸泽林、易凤、邱福提《定性视角下：对货币政策环境的量化表达与运用实践——基于国外银行家问卷调查运用的实践经验》，《金融发展评论》2015 年第 11 期，第 47 ~ 63 页。

③ Lown，C. S.，Morgan，D. P.，"The Credit Cycle and the Business Cycle：New Findings Using the Loan Officer Opinion Survey"，*Journal of Money Credit and Banking*，38（6），2006，pp. 1575 – 1597.

例符合现实情况。① 问卷调查报告包含银行家宏观经济信心指数、货币政策感受指数和贷款需求指数等共计 12 项指数。其中，银行家宏观经济信心指数（BCI）反映了银行家对整体宏观经济的信心。该指数的计算方法是在全部接受调查的银行家中，先分别计算认为本季经济"正常"和预期下季"正常"的占比，再计算两个占比的算术平均值。从该指数的概念内涵、构造和前文的论述来看，其完全可以作为衡量银行对未来宏观经济形势预期的指标。

在明确银行预期代理指标的基础上，本章选取中国国家统计局公布的宏观经济景气指数作为经济周期的代理指标。众所周知，经济周期波动可以划分为繁荣期、衰退期、萧条期和复苏期 4 种状态，编制宏观经济景气指数的目的就是通过一系列敏感性经济指标的变动反映经济周期所处阶段。该指数按照经济周期的时间性分为 3 种类型，即一致指数、先行指数和滞后指数。② 其中，一致指数（COI）由工业生产、就业、社会需求、社会收入 4 个方面合成，主要反映当前经济的基本走势，转折点大致与经济周期的转变同时发生；先行指数（LEI）由一组领先于一致指数的先行指标合成，指标变动在时间上领先于经济周期波动，可以用于对经济未来走势的预测；滞后指数（LAI）由落后于一致指数的滞后指标合成，指标变动在时间上滞后于经济周期波动，可用于确认经济周期的峰与谷。宏观经济景气指数来源于微观企业调查，从企业

---

① 此处数据来自中国人民银行调查统计专题研究课题组《银行家问卷调查制度国际比较研究》，《金融发展评论》2014 年第 4 期，第 70～86 页。根据该文，截至 2013 年 9 月末，参与调查的样本银行构成及数量如下：政策性银行 413 家、国有商业银行 1494 家、股份制银行 414 家、城市商业银行及城市银行合作社（含联社）116 家、农村商业银行（包括农村合作银行）及农村信用合作社（含联社）474 家、外资银行 191 家。
② 宏观经济景气指数除文中介绍的 3 种指数，还包括预警指数，由于本章研究不涉及，所以没有在此介绍。

生产经营角度综合反映国民经济运行态势及其变动趋势，属于合成性指数。因此，相对于 GDP 和工业增加值等传统的单一经济周期代理指标，能够更加全面客观地刻画经济周期所处位置。

为了检验原假设 H_0 "银行预期驱动经济周期"，本章的实证思路是通过银行预期时间序列与宏观经济景气指数时间序列的周期同步性（synchronization）来判断。周期同步性是指两个或多个时间序列的周期波动达到峰或谷的时间大致相同，非常适用于检验银行预期对经济周期的驱动作用。本章原假设 H_0 具体描述如下：BCI 周期与 LEI 周期的同期时间序列具有显著同步性 [记为 $H_0(1)$]。如果 $H_0(1)$ 成立，则接受原假设，表明银行预期波动在时间上领先于经济周期波动，即银行预期驱动经济周期。另外，考虑到如果 LEI 与 COI 联动性较强，则可以利用 BCI 周期的滞后时间序列与 COI 周期的当期时间序列具有显著同步性 [记为 $H_0(2)$] 作为 $H_0(1)$ 的辅助确认。[①] 如果 $H_0(2)$ 和 $H_0(1)$ 同时成立，则结论更加稳健。但 LEI 与 COI 并不是单纯的时间前后关系，所以只有 $H_0(2)$ 单独成立则无法确定原假设 H_0 是否成立。如果 $H_0(1)$ 和 $H_0(2)$ 均不成立，也存在以下两种情况可能成立："经济周期驱动银行预期"（记为 H_1）或者"银行预期与经济周期相互驱动"（记为 H_2）。根据前文对现有文献的相关阐述可知，经济周期在是银行预期形成的重要影响因素，同时存在两者相互推动的机制。鉴于对这两个问题的讨论具有一定理论和现实意义，本章进一步将备择假设分为两种情况进行检验。备择假设 H_1：BCI 周期与 LAI 周期的同期时间序列具有显著同步性。如果 H_1

---

① 研究表明，虽然中国的先行指数可以预测经济发展态势，但一致指数和先行指数的联动性不足。详见郭国峰、郑召锋《中国宏观经济先行指数和一致指数应用效果检验与改进》，《数量经济技术经济研究》2010 年第 10 期，第 131～144 页。

成立，则表明银行预期波动在时间上滞后于经济周期波动，即经济周期驱动银行预期。备择假设 H_2：BCI 周期与 COI 周期的同期时间序列具有显著同步性，表明银行预期与经济周期双向互为驱动。

至此，显然还存在这样一个疑问：既然信贷周期是银行预期驱动经济周期波动的主要媒介，信贷周期对经济周期的影响理论上要比银行预期更为直接。那么，信贷周期对经济周期的驱动力是否显著强于银行预期呢？这关系到银行预期这一指标在理论研究和实践应用中的优越性问题。为解开这一疑问，本章根据信贷周期的概念，本着"让数据说话"的原则，同时选取金融机构人民币各项贷款余额的环比增加额（LBF）作为信贷周期的代理变量，重复上述针对 BCI 的全部假设检验，作为指标进行对比研究，对应假设加 * 号以示区别。

为避免单一方法论产生的敏感性问题，综合考虑方法的代表性和适用性，本章首先在第三章表 3 − 1 所列的同步性方法中，在"趋势 − 周期"分解法和"拐点"法两大类静态方法中选取了 HP 滤波、BBQ 方法和 MRS 模型进行假设检验。然后，又采用基于 VAR 预测误差的时域方法和基于谱分析的频域方法这两种动态方法进一步展开对比分析，以保证结论的稳健性。

需要说明的是，周期同步性的含义决定了本章的假设 H_0（H_0^*）、H_1（H_1^*）和 H_2（H_2^*）并不属于完全排斥的情形，即存在同时成立的可能，尤其是在一致指数、先行指数和滞后指数功能弱化的情况下。另外，周期同步性的值域为 [−1, 1]。当假设检验结果的值落在 [0, 1] 区间时，表明假设检验相关变量间的周期呈现同向变动关系，且值越靠近 1，变量间的周期同步性越强；当假设检验结果的值落在 [−1, 0] 区间时，则表明假设检验相关变量间的周期呈现反向变动关系，且值越靠近 −1，同步性越差。也就是说，同步性值的符号反映了同步性方向，大小反映同步性程度高低，可以用于相互比较。

第四节 银行预期作用于经济周期的实证检验与启示

一 数据处理

由于 BCI 数据起始于 2004 年第一季度，为配合该数据，本章样本区间选定为 2004 年第一季度至 2017 年第二季度，数据频率为季度。金融机构人民币各项贷款数据的原始数据为月度数据，因此通过计算季度内各月份的平均值得到季度数据。文中数据均来源于 Wind 数据库，并通过 Eviews 8.0 提供的 X12 进行了季节调整。另外，鉴于方法论要求，HP 滤波和 BBQ 方法使用了自然对数序列，MRS 方法、时域方法和频域方法使用了对数差分序列。

二 假设检验的说明

1. HP 方法。平滑参数取值为 1600。

2. MRS 方法。模型滞后阶数由 AIC 准则确定。

3. 时域方法。分析了各假设检验相关变量基于向前 24 个季度（6 年）预测误差的周期同步性，并选取基于 6 个季度（1.5 年）和 16 个季度（4 年）预测误差的周期同步性作为比较，分别代表短期和长期的周期同步性水平。其中，VAR 模型的最大滞后阶数为 6 阶。显著性检验的置信区间通过 Bootstrap 方法构建，重复次数为 2500。

4. 频域方法。采用了标准 Bartlett 滞后窗口值，计算了在 $[0, \pi]$ 所有频率下各假设检验相关变量的周期同步性，并选取 $[0, \pi/8]$ 和 $[0, \pi/3]$ 频带下的周期同步性作为比较，分别对应时域分析方法下 6 个季度（1.5 年）和 16 个季度（4 年）的短期和长期周期同步性。显著性检验的置信区间通过 Bootstrap 方法构建，重复次数为 2500。另外，对于时域和频域两种动态方法，没有必要再检验周期序列的错期同步性。①

三 假设检验结果分析

利用选取的 5 种周期同步性度量方法，遵循上述实证步骤，本章对所提出的研究假设分别进行了检验。其中，基于 3 种静态方法的检验结果见表 7－1，基于两种动态方法的检验结果见图 7－1 和图 7－2。根据实证结果，本章重点分析以下两个问题。

1. 研究假设是否成立

首先，从表 7－1 中静态方法得到的结果来看，基于 HP 方法的检验表明，本章核心假设 H_0 显著成立，即"银行预期驱动经济周期"。包括假设 $H_0(1)$ 和 $H_0(2)$ 均在较高显著性水平下成立，而且对应的相关系数 0.407 和 0.455 显示了同步性程度较高。同时，备择假设 H_1 显著负向的检验结果也可以在一致指数和先行指数联动性较强的条件下进一步佐证 H_0 成立。但同为"拐点法"的 BBQ 方法和 MRS 方法均无法证明"银行预期驱动经济周期"。其中，BBQ 方法仅能够证明备择假设 H_2 显著成立，即"银行预期与经济周期相互驱动"，而 MRS 方法的检验结果在统计上均不显著，这说

---

① 综合考虑可读性，并未全面给出实证方法和模型估计细节。如需可以联系作者索取文中数据、程序代码与实证结果。

明结论在静态方法中具有较高的敏感性。①

表 7 - 1　基于三种静态方法的假设检验结果及比较

假设 / 方法	H_0		H_1	H_2
	$H_0(1)$ BCI_t-LEI_t	$H_0(2)$ BCI_{t-k}-COI_t	BCI_t-LAI_t	BCI_t-COI_t
HP 方法	0.407*** (0.002)	0.455*** (0.001)	-0.265* (0.052)	0.216 (0.116)
BBQ 方法	-0.037 (0.790)	0.132 (0.346)	-0.037 (0.788)	0.271** (0.041)
MRS 方法	0.208 (0.143)	0.104 (0.475)	-0.025 (0.864)	0.106 (0.459)
假设 / 方法	H_0^*		H_1^*	H_2^*
	$H_0^*(1)$ LBF_t-LEI_t	$H_0^*(2)$ LBF_{t-k}-COI_t	LBF_t-LAI_t	LBF_t-COI_t
HP 方法	0.031 (0.825)	0.378*** (0.007)	-0.304 (0.025)	-0.326** (0.016)
BBQ 方法	-0.169 (0.222)	0.264* (0.070)	-0.003 (0.982)	-0.007 (0.963)
MRS 方法	0.399*** (0.004)	0.148 (0.321)	-0.025 (0.863)	0.102 (0.481)

注：①H_x 为 BCI 的相关假设检验，H_x^* 为 LBF 的相关假设检验；②括号内为 p 值；③*、** 和 *** 分别表示在 10%、5% 和 1% 的显著性水平下通过检验；④滞后期 k 最大值为 8 个季度，选取最为显著的结果在表中予以列出；⑤$H_0(2)$ 和 $H_0^*(2)$ 在 HP 方法中的滞后期 k 分别为 6 和 4 个季度；⑥$H_0(2)$ 和 $H_0^*(2)$ 在 BBQ 方法中的滞后期 k 分别为 1 个和 8 个季度；⑦$H_0(2)$ 和 $H_0^*(2)$ 在 MRS 方法中的滞后期 k 分别为 2 个和 3 个季度。

---

① "拐点法"对本章研究内容的适用性问题仍存在讨论空间。BBQ 方法对样本量的要求较高，而且不适用于过于平缓的数据，而 MSAR 方法对于模型设定正确与否较为敏感，本章的数据量较小，且宏观经济景气指数在样本区间内变动较为平缓，使得高、低增长区制划分不够明显。"拐点法"的更多研究详见 Harding, D., Pagan, A., "A Comparison of two Business Cycle Dating Methods", *Journal of Economic Dynamics and Control*, 27, 2002, pp. 1681 - 1690。

其次，从图 7-1 和图 7-2 的动态方法结果来看，原假设 H_0 在两种方法下均显著通过检验，本章核心假设"银行预期驱动经济周期"成立。[①] 其中，时域分析方法结果表明，基于向前 1.5

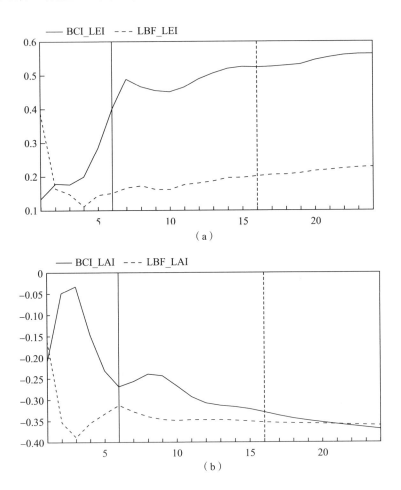

其次，从图 7-1 和图 7-2 的动态方法结果来看，原假设 H_0

（a）

（b）

---

① 图 7-1 中第一条实线表示基于向前 1.5 年预测的动态相关系数，对应于短期同步性；第二条虚线表示基于向前 4 年预测的动态相关系数，对应于长期同步性；图 7-2 中第一条实线表示在 $[0, \pi/8]$ 频带下的动态相关系数，对应于短期同步性；第二条虚线表示在 $[0, \pi/3]$ 频带下的动态相关系数，对应于长期同步性。另外，两种动态方法的所有结果均在 5% 显著性水平下通过检验，为了清晰比较 BCI 和 LBF 结果的动态差异，未在图中画出置信区间带。

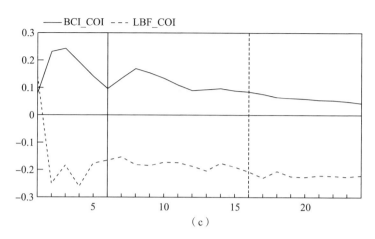

（c）

图 7 - 1　基于时域方法的假设检验结果及比较

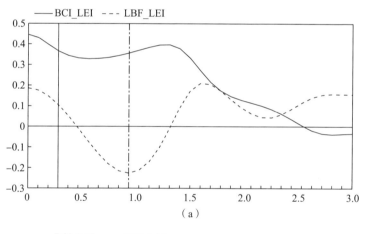

（a）

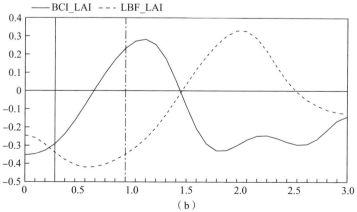

（b）

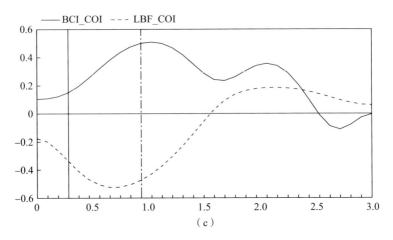

（c）

图7－2　基于频域方法的假设检验结果及比较

年和4年预测误差的短期与长期同步性水平分别达到0.401和0.524，而频域分析方法对应1.5年和4年的同步性水平也分别达到0.366和0.357。可见，两种动态方法的结果与HP方法结果相似，均显著通过H_0假设检验，不具有方法论敏感性，而且同步性水平表明银行预期对经济周期驱动力较强。另外，观察时域方法得到的同步性动态可以发现，银行预期对经济周期的驱动效应在4个季度后才开始迅速显露，比较符合银行部门对实体经济影响存在滞后期的事实，同时可以作为宏观预期管理的经验证据加以参考。1.5年和4年预测误差的短期与长期同步性水平分别达到0.401和0.524，而频域分析方法对应1.5年和4年的同步性水平也分别达到0.366和0.357。可见，两种动态方法的结果与HP方法结果相似，均显著通过H_0假设检验，不具有方法论敏感性，而且同步性水平表明银行预期对经济周期驱动力较强。另外，观察时域方法得到的同步性动态可以发现，银行预期对经济周期的驱动效应在4个季度后才开始迅速显露，比较符合银行部门对实体经济影响存在滞后期的事实，同时可以作为宏观预期管理的经验证据加以参考。

最后，从备择假设 H_1 的检验情况来看，由静态方法得到的同步性结果均为负值，其中只有 HP 方法的结果 -0.265 在统计上显著。而动态方法的结果与 HP 方法的结果相似。其中，时域方法得到的短期和长期同步性水平分别为 -0.269 和 -0.369，频域方法对应的同步性水平为 -0.291 和 0.232，两种方法得出的结论并不统一。因此，根据实证结果，在短期水平上否定"经济周期驱动银行预期"这一假设，结合一致指数和滞后指数的统计含义以及假设 H_0 的检验结果，可以认为在银行预期形成过程中更多受到宏观经济前瞻（forward-looking）因素而不是后顾（backward-looking）因素的影响，这显然体现了中国银行业发展环境和生存状态变化对银行行为塑造的结果。近年来，随着存款保险制度的建立和利率市场化的不断深入，银行业竞争日益激烈，依赖存贷差的盈利模式受到严峻挑战。此时银行部门唯有准确把握国家产业政策调整动向，才能在保证利润的基础上有效降低风险。显然，在信贷总体规模有增无减的情况下，银行前瞻性预期产生的影响更多是体现在对信贷资金的投向调控而不是规模调控上。

对于备择假设 H_2，静态方法中只有 BBQ 方法表明其显著成立，即"银行预期与经济周期相互驱动"。这一结论还同时被两种动态方法证实。其中，时域方法在短期和长期的同步性水平分别为 0.097 和 0.085，频域分析方法对应的同步性水平分别为 0.150 和 0.501。总体来看，两种动态方法在短期上结论比较一致，即"银行预期和经济周期相互驱动"，但效应微弱。而在长期水平上，频域方法表明银行预期和经济周期相互推动的效果较强，两种动态方法又一次在长期结果上出现不一致。如果前述观点"银行预期更多受到前瞻性因素的影响"成立，那么，频域方法所揭示的当前宏观经济形势对银行预期影响较弱，而未来影响效果增强则较为合理。

2. 银行预期是否具有指标优越性

首先，从表 7 - 1 中静态方法的检验结果来看，原假设 H_0^* "信贷周期驱动经济周期" 在 HP 方法和 BBQ 方法下均使 $H_0^*(2)$ 显著通过检验，而 $H_0^*(1)$ 统计上均不显著。因此，单纯根据这两种静态方法的结果并不能确定 H_0^* 是否成立。但在先行指数和一致指数联动性较强的条件下，可以作为 "信贷周期驱动经济周期" 成立的参考依据。而 MRS 方法的结果证明 $H_0^*(1)$ 显著成立，结合 $H_2^*(2)$ 的检验结果，可以认为在静态方法下，"信贷周期驱动经济周期" 基本成立。可见，基于静态方法的检验结果无法判断银行预期和信贷周期在经济周期驱动力上的优劣关系。

其次，在图 7 - 1 和图 7 - 2 的动态方法检验结果中，对比原假设 H_0 和原假设 H_0^* 的同步性结果表明，信贷周期对经济周期的驱动作用与银行预期相比明显处于劣势。一是 "信贷周期驱动经济周期" 的结论具有不确定性。在原假设 H_0^* 的频域方法检验中，短期和长期的同步性水平分别为 0.105 和 - 0.227，而同样方法下原假设 H_0 的检验结果均为正值。二是通过同步性程度的比较判断，信贷周期对经济周期的驱动力不如银行预期。在原假设 H_0^* 的时域方法检验中，短期和长期的同步性水平分别为 0.151 和 0.201，而同样方法下原假设 H_0 的检验结果分别为 0.401 和 0.524。因此，在动态方法下，"银行预期驱动经济周期" 的结论在统计上更为显著，而且在驱动力上明显优于信贷周期，指标的信息含量更加丰富。

最后，从备择假设的检验来看，尤其是假设 H_2^* 的结果表明，信贷周期与经济周期的当期同步性显著相反，这明显与信贷周期的顺周期特性相背离。由此可见，将广泛使用的信贷规模变动率作为信贷周期的代理指标来检验其对经济周期的影响效果并不理想。本章认为出现这一"统计假象"并不能证明信贷周期对经济周期的影响力不够，而是由于以下两点原因。第一，实践中缺乏合理衡量信贷周期的指标，导致对信贷周期影响力的统计检验比较困难。伴随中国经济多年来的持续快速增长，信贷规模也在迅速扩大，信贷规模占 GDP 的比重从 2005 年的 104% 增加到 2015 年的 170%。[①] 而自 2012 年以来，中国经济增长率已逐步放缓，对比 GDP 占比数据的递增，这意味着信贷增量对经济周期的边际推动力在递减。因此，实证研究中单纯采用体现信贷规模数量变动的指标已经无法合理检验信贷周期与经济增长之间的动态关联。第二，信贷资金存在"脱实向虚"问题。从投放结构上看，中国信贷资金过度流向房地产等价格部门而不是流入制造业等实体部门。从 2014 年 7 月国务院常务会议提出"要促进'脱实向虚'的信贷资金归位，更多投向实体经济"以来，实际状况并未得到有效改善。16 家境内上市银行的年报数据显示，自 2014 年第二季度到 2016 年第二季度，制造业贷款占比由 15.8% 降低到 12.3%，而房地产相关贷款占比由 23.8% 上升到 25.5%。[②] 另外，信贷资金还有在金融体系内部"空转"等一系列"虚投"现象。[③]因此，信贷周期对经济周期的驱动力在现实中存在被弱化的机制，不能单纯依靠信贷规模变化来判断，更要关注投向。从这一点来看，银行预期除了对信贷规模施加影响之外，对资金投向的

---

① 根据《中国金融年鉴（2006）》和《中国统计年鉴（2016）》中的数据计算所得。信贷存量构成中包含人民币贷款、外币贷款、委托贷款和信托贷款。
② 伍戈、高莉：《脱实向虚与脱虚向实》，《中国金融》2017 年第 6 期，第 76～77 页。
③ 李佩珈、梁婧：《资金"脱实向虚"的微观路径及影响研究》，《国际金融》2017 年第 3 期，第 29～36 页。

主导作用同样不容忽视，因此对经济周期的驱动力要强于信贷周期。[①] 本章的实证结果恰恰证实了此观点，与假设 H_2^* 形成对比，通过假设 H_2 的检验结果可知，银行预期与经济周期的相互驱动可以通过两种动态方法充分展现，实证结果与理论和经济事实完全吻合，体现了指标的实用性优势和应用前景，建议在日后讨论信贷周期和信贷市场角色的相关研究中替代传统信贷总量指标加以广泛使用，以得出更加稳健的结论。

本章的研究结论启示，在未来中国宏观调控从目标管理向预期管理的渐进过程中，银行预期不仅应被列为宏观调控预期管理的重点对象，同时应成为金融市场主体预期的重要度量和监测指标，也是符合宏观审慎监管要求的有力政策工具。众所周知，在预期管理中，政府部门通过与市场的信息沟通，合理引导市场预期和微观主体行为，以达到宏观调控的总体目标。可见，预期管理的立足点是引导微观主体的预期和行为。结合中国实际情况来看，商业银行是当前金融市场最核心的微观主体。根据本章研究结果，银行预期对中国经济周期波动的驱动作用显著，已经形成了金融风险向实体经济传递的机制和路径。显然，未来宏观调控预期管理需要重点关注银行的预期变动，以防范金融系统风险对经济体系的负外部溢出，而这恰恰也是宏观审慎监管政策的主要职能。这就意味着，银行预期管理既可以作为货币政策的重要补充，同时可以纳入宏观审慎政策工具箱。

目前，中国货币政策与宏观审慎政策"双支柱"的宏观调控框架已经初步确立，体现了政府宏观调控能力提高与调控思路的转变和创新。对宏观审慎监管政策而言，防止金融市场预期突变

---

① 从前面的检验结果可知，这一优势主要来自银行预期的前瞻性特征。

是防范系统性金融风险爆发的重要环节，这在 2008 年美国次贷危机发生和发展过程中已得到充分验证。[①] 鉴于银行预期的理论与实践意义，通过银行预期指标监测和跟踪金融市场主体的预期变动，并积极加以科学引导，不仅可以从根源上入手熨平信贷周期，化解和降低系统性金融风险，服务宏观审慎政策目标，弥补现有宏观审慎政策工具缺乏的"短板"，而且可以通过预期管理与宏观审慎监管政策的融合，促进货币政策与宏观审慎政策之间的相互协调，提高宏观经济调控的政策效率。

然而，在现阶段的预期管理实践中制度化规程并不完善，还存在对银行预期管理重视程度和针对性不够等主观意识问题，以及缺乏前瞻性引导等一系列客观问题。另外，对银行预期相关数据所包含的可用信息的挖掘也滞后于发达国家，预期管理工具集仍有待进一步开发和利用。上述问题需要政策制定部门与理论界共同重视。

---

① 在危机初始阶段，美国政府对雷曼兄弟银行的救助不力导致金融危机在市场悲观预期下急剧恶化，成为危机爆发和蔓延的重要原因，显示了金融市场预期冲击的强大破坏力。

参考文献

［1］〔英〕庇古：《工业波动论》，高耀琪译，商务印书馆，1999。

［2］曹凤岐：《"一行三会"应变为"一会一行"》，《经济参考报》2013 年 8 月 27 日，第 2 版。

［3］陈彦斌、唐诗磊：《信心、动物精神与中国宏观经济波动》，《金融研究》2009 年第 9 期。

［4］陈雨露：《国际金融危机以来经济理论界的学术反思与研究进展》，《国际金融研究》2017 年第 1 期。

［5］陈雨露、马勇：《宏观审慎监管：目标、工具与相关政策安排》，《经济理论与经济管理》2012 年第 3 期。

［6］陈雨露、马勇：《中国逆周期资本缓冲的"挂钩变量"选择：一个实证评估》，《教学与研究》2012 年第 12 期。

［7］陈忠阳、刘志洋：《Basel Ⅲ逆周期资本缓冲机制表现好吗？——基于国际与中国的实证分析》，《吉林大学社会科学学报》2014 年第 3 期。

［8］陈忠阳、刘志洋：《Basel Ⅲ逆周期资本缓冲机制表现好吗？——基于国际与中国的实证分析》，《吉林大学社会科学学报》2014 年第 3 期。

［9］崔光灿：《资产价格、金融加速器与经济稳定》，《世界经

济》2006 年第 11 期。

[10] 崔婕、沈沛龙：《商业银行逆周期资本缓冲机制的构建》，《金融论坛》2015 年第 2 期。

[11] 丁亚非：《日本金融改革的目标、措施及成效》，《国际金融研究》2005 年第 6 期。

[12] 段丙蕾、陈冠霖：《新常态下中国商业银行动态拨备制度分析》，《新金融》2016 年第 6 期。

[13] 傅钧文：《日本金融宏观审慎监管体制建设及其启示》，《世界经济研究》2013 年第 12 期。

[14] 广东金融学院中国金融转型与发展研究中心银行改革组：《中国国有银行改革的理论与实践问题》，《金融研究》2006 年第 9 期。

[15] 郭国峰、郑召锋：《中国宏观经济先行指数和一致指数应用效果检验与改进》，《数量经济技术经济研究》2010 年第 10 期。

[16] 胡建华：《逆周期资本缓冲能否消除中国商业银行顺周期行为？》，《财经问题研究》2013 年第 11 期。

[17] 胡建生、王非、何健：《逆周期资本监管的困境、缺失及出路》，《审计与经济研究》2013 年第 1 期。

[18] 胡永刚、郭长林：《财政政策规则、预期与居民消费：基于经济波动的视角》，《经济研究》2013 年第 3 期。

[19] 黄锐、蒋海、黄剑：《动态拨备、金融风险与经济周期——基于 DSGE 模型的分析》，《现代财经》2014 年第 2 期。

[20] 黄志刚：《经济波动、超额准备金率和内生货币：基于信贷市场资金搜寻和匹配视角》，《经济学》（季刊）2012 年第 3 期。

[21] 江曙霞、何建勇：《银行资本、银行信贷与宏观经济波动：基于 C-C 模型的影响机理分析的拓展研究》，《金融研究》2011 年第 5 期。

[22] 李波、单漫与：《国有银行治理结构与管理层激励》，《金融研究》2009 年第 10 期。

[23] 李怀珍：《银行业动态拨备制度研究》，《金融监管研究》2012 年第 2 期。

[24] 李麟、索彦峰：《经济波动、不良贷款与银行业系统性风险》，《国际金融研究》2009 年第 6 期。

[25] 李佩珈、梁婧：《资金"脱实向虚"的微观路径及影响研究》，《国际金融》2017 年第 3 期。

[26] 李文泓：《关于宏观审慎监管框架下逆周期政策的探讨》，《金融研究》2009 年第 4 期。

[27] 李文泓、罗猛：《巴塞尔委员会逆周期资本框架在中国银行业的实证分析》，《国际金融研究》2011 年第 6 期。

[28] 〔美〕理查德·西尔特、詹姆斯·马奇：《企业行为理论》，李强译，中国人民大学出版社，第 2 版，2008。

[29] 刘涛：《中国经济波动的信贷解释：增长与调控》，《世界经济》2005 年第 12 期。

[30] 刘志洋：《宏观审慎监管机构安排的国际实践》，《银行业研究》2012 年第 8 期。

[31] 鹿亚新、杨文悦、张婷婷、幸泽林、易凤、邱福提：《定性视角下：对货币政策环境的量化表达与运用实践——基于国外银行家问卷调查运用的实践经验》，《金融发展评论》2015 年第 11 期。

[32] 马勇：《植入金融因素的 DSGE 模型与宏观审慎货币政策规

则》，《世界经济》2013 年第 7 期。

[33] 马勇、陈雨露：《宏观审慎政策的协调与搭配：基于中国的模拟分析》，《金融研究》2013 年第 8 期。

[34] 石柱鲜、孙皓、邓创：《中国主要宏观经济变量与利率期限结构的关系：基于 VAR-ATSM 模型的分析》，《世界经济》2008 年第 3 期。

[35] 田宝、周荣：《巴塞尔逆周期资本缓冲机制在中国的适用性研究》，《金融监管研究》2012 年第 10 期。

[36] 王爱俭、牛凯龙：《次贷危机与日本金融监管改革：实践与启示》，《国际金融研究》2010 年第 1 期。

[37] 王爱俭、王璟怡：《宏观审慎政策效应及其与货币政策关系研究》，《经济研究》2014 年第 4 期。

[38] 王璟怡：《宏观审慎与货币政策协调的研究动态综述》，《上海金融》2012 年第 11 期。

[39] 王频、侯成琪：《预期冲击、房价波动与经济波动》，《经济研究》2017 年第 4 期。

[40] 伍戈、高莉：《脱实向虚与脱虚向实》，《中国金融》2017 年第 6 期。

[41] 辛继召：《"一委一行两会"金融监管架构形成，从裂变式改革走向渐进式重组》，《21 世纪经济报道》2018 年 3 月 14 日，第 10 版。

[42] 徐明东、肖宏：《动态拨备规则的西班牙经验及其在中国实施的可行性分析》，《财经研究》2010 年第 10 期。

[43] 许伟、陈斌开：《银行信贷与中国经济波动：1993—2005》，《经济学》（季刊）2009 年第 3 期。

[44] 杨柳、李力、韩梦瑶：《逆周期资本缓冲机制在中国金融体

系应用的实证研究》，《国际金融研究》2012 年第 5 期。

[45] 叶文庆：《宏观审慎监管机构的监管权力探讨》，《上海金融》2013 年第 3 期。

[46] 银监会财会部动态拨备课题组、李怀珍、胡永康、司振强：《动态拨备在中国银行业的实施研究》，《中国金融家》2010 年第 8 期。

[47] 尹继志：《宏观审慎监管：内容与框架》，《南方金融》2010 年第 12 期。

[48] 于震、张超磊：《日本宏观审慎监管的政策效果与启示——基于信贷周期调控的视角》，《国际金融研究》2015 年第 4 期。

[49] 俞晓龙、夏红芳：《我国商业银行逆周期资本缓冲模型改进》，《海南金融》2013 年第 10 期，第 43～46 页。

[50] 〔美〕约翰·梅纳德·凯恩斯：《就业、利息和货币通论》，金碚、张世贤译，经济管理出版社，2012。

[51] 张小波：《逆周期资本缓冲机制的拓展及其在中国的适用性分析》，《国际金融研究》2014 年第 5 期。

[52] 赵振全、于震、刘淼：《金融加速器效应在中国存在吗》，《经济研究》2007 年第 6 期。

[53] 周怡：《国际金融热词解读：美国多德－弗兰克法案》，《人民日报》2013 年 4 月 24 日。

[54] 庄子罐、崔小勇、龚六堂、邹恒甫：《预期与经济波动：预期冲击是驱动中国经济波动的主要力量吗?》，《经济研究》2012 年第 6 期。

[55] 邹传伟：《对 Basel Ⅲ 逆周期资本缓冲效果的实证分析》，《金融研究》2013 年第 5 期。

[56] Acharya, V. V. , Yorulmazer, T. , "Information Contagion and Bank Herding", *Journal of Money, Credit and Banking*, 40 (1), 2008.

[57] Aglietta, M. , Sialom, L. , "A Systemic Approach to Financial Regulation: A European Perspective", *International Economics*, 3, 2010.

[58] Aikman, D. , Haldane, A. , Nelson, B. , "Curbing the Credit Cycle", *The Economic Journal*, 125 (585), 2015.

[59] Arregui, N. , Beneš, J. , Krznar, I. , Mitra, S. , "Evaluating the Net Benefits of Macroprudential Policy: A Cookbook", *IMF Working Paper*, 13/167, 2013.

[60] Asea, P. K. , Blomberg, B. , "Lending Cycles", *Journal of Econometrics*, 83 (1 - 2), 1998.

[61] Bachmann, R. , Elstner, S. , "Firm Optimism and Pessimism", *European Economic Review*, 79, 2015.

[62] Bailliu, J. , Meh, C. , Zhang, Y. H. , "Macroprudential Rules and Monetary Policy: When Financial Frictions Matter", *Economic Modelling*, 50, 2015.

[63] Balla, E. , McKenna, A. B. , "Dynamic Provisioning: A Countercyclical Tool for Loan Loss Reserves", *Economic Quarterly*, 95 (4), 2009.

[64] Bank for International Settlements, "71st Annual Report", BIS, 2001.

[65] Bank for International Settlements, "79th Annual Report", BIS, 2009.

[66] Bank for International Settlements. , " Group of Central Bank

Governors and Heads of Supervision Reinforces Basel Committee Reform Package", *BIS Press Release*, 11 (1), 2010.

[67] Bank for International Settlements. , "Group of Central Bank Governors and Heads of Supervision Reinforces Basel Committee Reform Package", *BIS Press Release*, 26 (7), 2010.

[68] Barnett, W. A. , Dalkir, M. S. , "Gains from Synchronization", *Studies in Nonlinear Dynamics and Econometrics*, 11 (1), 2007.

[69] Bartholomew, P. F. , Whalen, G. , "Fundamentals of Systemic Risk", *Research in Financial Services*: *Banking*, *Financial Markets*, *and Systemic Risk*, 7, 1995.

[70] Baxter, M. , King, R. G. , "Measuring Business Cycles: Approximate Band-pass Filters for Economic Time Series", *Review of Economics and Statistics*, 81 (4), 1993.

[71] Beaudry, P. , Portier, F. , "An Exploration into Pigou's Theory of Cycles", *Journal of Monetary Economics*, 51 (6), 2004.

[72] Bernanke, B. , Gertler, M. , "Agency Costs, Net Worth, and Business Fluctuations", *American Economic Review*, 79, 1989.

[73] Bernanke, B. S. , Gerlter, M. , Gilchrist, S. , "The Financial Accelerator in a Quantitative Business Cycle Framework", *Handbook of Macroeconomics*, 1, 1999.

[74] Bernanke, B. S. , Gertler, M. , Gilchrist, S. , "The Financial Accelerator and Flight to Quality", *Review of Economics and Statistics*, 78 (1), 1996.

[75] Beveridge, S. , Nelson, C. R. , "A New Approach to Decomposition of Economic Time Series into Permanent and Transitory Components with Particular Attention to Measurement of the Bus-

iness Cycle", *Journal of Monetary Economics*, 7 (2), 1981.

[76] Blanchard, O., Dell' Ariccia, G., Mauro, P., "Rethinking Macro-prudential Policy", *IMF Staff Position Note*, 2010.

[77] Bordalo, P., Gennaioli, N., Shleifer, A., "Diagnostic Expectations and Credit Cycles", *The Journal of Finance*, 73 (1), 2018.

[78] Borio, C. E., White, W. R., "Whither Monetary and Financial Stability? The Implications of Evolving Policy Regimes", *BIS Paper*, 147, 2009.

[79] Borio, C. E., "Towards a Macro Prudential Framework for Financial Supervision and Regulation?", *BIS Working Papers*, No. 128, 2003.

[80] Brunnermeier, M. K., Crocket, A., Persaud, A. D., Shin, H. S., "The Fundamental Principles of Financial Regulation", Internat Center for Monetary and Banking Studies, 11, 2009.

[81] Brunnermeier, M. K., Sannikov, Y., "A Macroeconomic Model with a Financial Sector", *American Economic Review*, 104 (3), 2014.

[82] Bry, G., Boschan, C., "Cyclical Analysis of Time Series: Selected Procedures and Computer Programs", *NBER Paper*, 1971.

[83] Burns, A. F., Mitchell, W. C., "Measuring Business Cycles", *NBER Paper* 1946.

[84] Calvo, G. A., "Staggered Price in a Utility-Maximizing Framework", *Journal of Monetary Economics*, 12 (3), 1983.

[85] Camors, C. D., Peydro, J. L., "Macro-prudential and Monetary Policy: Loan-Level Evidence from Reserve Requirements",

Universitat Pompeu Fabra, Spain Mimeo, 2014.

[86] Carreras, O., Davis, E. P., Piggott, R., "Assessing Macroprudential Tools in OECD Countries Within a Cointegration Framework", *Journal of Financial Stability*, 37, 2018.

[87] Cerutti, E., Claessens, S., Laeven, M. L., "The Use and Effectiveness of Macroprudential Policies: New Evidence", *Journal Financial Stability*, 28, 2017.

[88] Cerutti, E., Dagher, J., Dell'Ariccia, G., "Housing Finance and Real-estate Booms: A Cross-country Perspective", International Monetary Fund, 2015.

[89] Christensen, I., Dib, A., "The Financial Accelerator in an Estimated New Keynesian Model", *Review of Economic Dynamics*, 11, 2008.

[90] Christiano, L., Fitzgerald, T. J., "The Band-pass Filter", *International Economic Review*, 44 (2), 2003.

[91] Christiano, L. J., Eichenbaum, M., Evans, C. L., "Nominal Rigidities and the Dynamic Effects of a Shock to Monetary Policy", *Journal of Political Economy*, 113 (1), 2005.

[92] Claessens, S., Ghosh, S. R., Mihet, R., "Macro-prudential Policies to Mitigate Financial System Vulnerabilities", *Journal of International Money and Finance*, 39, 2013.

[93] Cordoba, J. C., Ripoll, M., "Credit Cycles Redux", *International Economic Review*, 45 (4), 2004.

[94] Croux, C., Forni, M., Reichlin, L., "A Measure of the Co-movement for Economic Variables: Theory and Empirics", *Review of Economics and Statistics*, 83 (2), 2001.

［95］ de Lis, S. F. , Garcia-Herrero, A. , "Dynamic Provisioning: A Buffer Rather than a Countercyclical Tool?", *Economia*, 13 (2), 2013.

［96］ Dell'Ariccia, G. , Igan, D. , Laeven, L. , "Credit Booms and Lending Standards: Evidence from the Subprime Mortgage Market", *Journal of Money, Credit and Banking*, 44 (2 - 3), 2012.

［97］ Den Haan, W. , "The Co-movement Between Output and Prices", *Journal of Monetary Economics*, 46 (1), 2000.

［98］ Diamond, D. W. , Kashyap, A. K. , "Liquidity Requirements, Liquidity Choice and Financial Stability", *National Bureau of Economic Research Working Paper*, 2, 2016.

［99］ Drehmann, M. , Borio, C. , Gambacorta, L. , Jiménez, G. , Trucharte, C. , "Countercyclical Capital Buffers: Exploring Options", *BIS Working Papers*, No. 317, 2010.

［100］ Drehmann, M. , Borio, C. E. , Gambacorta, L. , Jiménez, G. , Trucharte, C. , "Countercyclical Capital Buffers: Exploring Options", *BIS Working Papers*, 317, 2010.

［101］ Drehmann, M. , Gambacorta, L. , "The Effects of Countercyclical Capital Buffers on Bank Lending", *Applied Economics Letters*, 19 (7), 2012.

［102］ Ekpu, V. , "Microprudential Vs. Macroprudential Approaches to Regulation and Supervision", Lecture Presented at a Regional Course on Advanced Banking Supervision and Financial Stability for Members of the College of Supervisors of the West African Monetary Zone, 2016.

［103］ European Banking Federation, "Credit Cycles and Their Role for Macro-Prudential Policy", Thematic Publications, November 2011. http://www. ebf-fbe. eu/uploads/28%20Nov - 2011 - EMAC. pdf.

[104] European Central Bank (ECB), "Financial Stability", *Financial Stability Review*, 2015, p. 4.

[105] Eusepi, S., Preston, B., "Expectations, Learning, and Business Cycle Fluctuations", *American Economic Review*, 101 (6), 2011.

[106] Fan, H., Gao, X., Xu, J., Xu, Z., "News Shock, Firm Dynamics and Business Cycles: Evidence and Theory", *Journal of Economic Dynamics and Control*, 73, 2016.

[107] Farmer, R. E., Guo, J. T., "Real Business Cycles and the Animal Spirits Hypothesis", *Journal of Economic Theory*, 63 (1), 1994.

[108] Federal Deposit Insurance Corporation, *FDIC Quarterly Banking Profile*, 2006, 2nd Quarter.

[109] Fernández, S., García-Herrero, A., "The Spanish Approach. Dynamic Provisioning and Other Tools", *BBVA Economic Research Department Working Paper*, 2009.

[110] Frankel, J. A., "What's In and Out in Global Money", *Finance & Development*, 46 (3), 2009.

[111] Fuhrer, J., "Expectations as a Source of Macroeconomic Persistence: Evidence from Survey Expectations in a Dynamic Macro Model", *Journal of Monetary Economics*, 86, 2017.

[112] Funke, M., Kirkby, R., Mihaylovski, P., "House Prices and Macro-prudential Policy in an Estimated DSGE Model of

New Zealand", *Journal of Macroeconomics*, 56, 2018.

[113] Gertler, M., Kiyotaki, N., "Financial Intermediation and Credit Policy in Business Cycle Analysis", *Handbook of Monetary Economics*, 3, 2010.

[114] Goodhart, C., "Should the Functions of Monetary Policy and Banking Supervision Be Separated?", *Oxford Economic Papers*, 47 (4), 1995.

[115] Gopinath, T., Choudhary, A. K., "Countercyclical Capital Buffer Guidance for India", *RBI Working Paper Series*, 2012.

[116] Gorton, G. B., He, P., "Bank Credit Cycles", *The Review of Economic Studies*, 75 (4), 2008.

[117] Guerrieri, V., Lorenzoni, G., "Credit Crises, Precautionary Savings, and the Liquidity Trap", *The Quarterly Journal of Economics*, 132 (3), 2017.

[118] Hamilton, J., "A New Approach to the Economic Analysis of Non-Stationary Time Series and the Business Cycle", *Econometrica*, 57, 1989.

[119] Harding, D., Pagan, A., "A Comparison of two Business Cycle Dating Methods", *Journal of Economic Dynamics and Control*, 27, 2002.

[120] Harding, D., Pagan, A., "Dissecting the Cycle: A Methodological Investigation", *Journal of Monetary Economics*, 49 (2), 2002.

[121] Harvey, A. C., Jaeger, A., "Detrending, Stylised Facts and the Business Cycle", *Journal of Applied Econometrics*, 8 (3), 1993.

［122］ Harvey, A. C. , "Trends and Cycles in Macroeconomic Time Series", *Journal of Business and Economic Statistics*, 3 (3), 1985.

［123］ Hellwig, M. , "Liquidity Provision, Banking, and the Allocation of Interest Rate Risk", *European Economic Review*, 38 (7), 1994.

［124］ Hodrick, R. J. , Prescott, E. C. , "Postwar US Business Cycles: An Empirical Investigation", *Journal of Money, Credit, and Banking*, 1997.

［125］ Hodrick, R. J. , Prescott, E. C. , "Postwar US Business Cycles: An Empirical Investigation", *Northwestern University Discussion Papers*, No. 451, 1981.

［126］ Iacoviello, M. , "Financial Business Cycles", *Review of Economic Dynamics*, 18 (1), 2015.

［127］ Igan, D. , Kang, H. , "Do Loan-to-Value and Debt-to-Income Limits Work? Evidence from Korea", *International Monetary Fund Working Papers*, 2011.

［128］ IMF, FSB, "Macroprudential Policy Tools and Frameworks", *Progress Report to G20*, 2011.

［129］ IMF, "Towards Effective Macro-prudential Policy Framework: An Assessment of Stylized Institutional Models", *IMF Working Paper*, No. 250, 2011.

［130］ Ireland, P. , "Endogenous Money or Sticky Prices?", *Journal of Monetary Economics*, 50, 2003.

［131］ Jaimovich, N. , Rebelo, S. , "Can News About the Future Drive the Business Cycle?", *American Economic Review*, 99

(4), 2009.

[132] Jiménez, G., Ongena, S., Peydró, J. L., Saurina, J., "Macro-prudential Policy, Countercyclical Bank Capital Buffers and Credit Supply: Evidence from the Spanish Dynamic Provisioning Experiments", *Journal of Political Economy*, 125 (6), 2017.

[133] Jiménez, G., Saurina, J., "Credit Cycles, Credit Risk, and Prudential Regulation", *International Journal of Central Banking*, 2 (2), 2006.

[134] Justiniano, A., Primiceri, G. E., Tambalotti, A., "Investment Shocks and Business Cycles", *Journal of Monetary Economics*, 57 (2), 2010.

[135] Kiyotaki, N., Moore, J., "Credit Cycles", *Journal of Political Economy*, 105 (2), 1997.

[136] Koopman, S. J., Kräussl, R., Lucas, A., Monteiro, A. B., "Credit Cycles and Macro Fundamentals", *Journal of Empirical Finance*, 16 (1), 2009.

[137] Kregel, J., "Margins of Safety and Weight of the Argument in Generating Financial Fragility", *Journal of Economic Issues*, 31 (2), 1997.

[138] Krznar, I., Morsink, J., "With Great Power Comes Great Responsibility: Macroprudential Tools at Work in Canada", *IMF Working PaperI*, 14/83, 2014.

[139] Leduc, S., Sill, K., "Expectations and Economic Fluctuations: An Analysis Using Survey Data", *Review of Economics and Statistics*, 95 (4), 2013.

[140] Lim, C. H., Costa, A., Columba, F., "Macroprudential Po-

licy: What Instruments and How to Use Them? Lessons from Country Experiences", *IMF Working Papers*, 2011.

[141] Lown, C. S. , Morgan, D. P. , "The Credit Cycle and the Business Cycle: New Findings Using the Loan Officer Opinion Survey", *Journal of Money Credit and Banking*, 38 (6), 2006.

[142] Lucas, R. J. , "Expectations and the Neutrality of Money", *Journal of Economic Theory*, 4 (2), 1972.

[143] López-Salido, D. , Stein, J. , Zakrajšek, E. , "Credit-Market Sentiment and the Business Cycle", *The Quarterly Journal of Economics*, 132 (3), 2017.

[144] Masciandaro, D. , "Politicians and Financial Supervision Unification Outside the Central Bank: Why do they Do it", *Journal of Financial Stability*, 5 (2), 2009.

[145] Merrouche, O. , Nier, E. W. , "What Caused the Global Financial Crisis? Evidence on the Build-up of Financial Imbalances 1999 – 2007", *IMF Working Paper*, 10 (26), 2010.

[146] Milani, F. , "Sentiment and the U. S. Business Cycle", *Journal of Economic Dynamics and Control*, 82, 2017.

[147] Mink, M. , Jacobs, J. P. , De Haan, J. , "Measuring Synchronicity and Co-movement of Business Cycles with an Application to the Euro Area", *CESifo Working Paper*, 2007.

[148] Minsky, H. P. , "Can "It" Happen Again?", *Essays on Instability and Finance* (London: Routledge, 2016).

[149] Minsky, H. P. , "The Financial Instability Hypothesis", *Levy Economics Institute Working Paper*, 74, 1992.

[150] Morley, J. C. , Nelson, C. R. , Zivot, E. , "Why are the

Beveridge-Nelson and Unobserved-Components Decompositions of GDP So Different?", *The Review of Economics and Statistics*, 85 (2), 2003.

[151] Morris, S. , Shin, H. S. , "Financial Regulation in a System Context", *Brookings Papers on Economic Activity*, 2008 (2), 2008.

[152] Muth, J. , "Rational Expectations and the Theory of Price Movements", *Econometrica*, 29, 1961.

[153] Nier, E. , Jacome, L. , Osinski, J. , Madrid, P. , "Institutional Models for Macro-prudential Policy", *IMF Staff Discussion Note*, 11 (18), 2011.

[154] Ono, A. , Uchida, H. , Udell, G. F. , Uesugi, I. , "Lending Pro-cyclicality and Macro-prudential Policy: Evidence from Japanese LTV Ratios", *HIT-REFINED Working Paper*, 41, 2013.

[155] Ormeño, A. , Molnár, K. , "Using Survey Data of Inflation Expectations in the Estimation of Learning and Rational Expectations Models", *Journal of Money Credit and Banking*, 47 (4), 2015.

[156] Rotemberg, J. J. , Woodford, M. , "An Optimization-Based Econometric Framework for the Evaluation of Monetary Policy", *NBER Macroeconomics Annual*, 12, 1997.

[157] Rötheli, T. F. , "Boundedly Rational Banks' Contribution to the Credit Cycle", *The Journal of Socio-Economics*, 41 (5), 2012.

[158] Saurina, J. , Jimenez, G. , "Credit Cycles, Credit Risk, and Prudential Regulation", *International Journal of Central Bank-*

ing，2006.

[159] Schinasi，M. G. J.，"Safeguarding Financial Stability：Theory and Practice"，International Monetary Fund，2005.

[160] Schmitt-Grohe，S.，Uribe，M.，"What's News in Business Cycles"，*Econometrica*，80（2），2012.

[161] Schularick，M.，Taylor，A. M.，"Credit Booms Gone Bust：Monetary Policy，Leverage Cycles，and Financial Crises，1870 – 2008"，*American Economic Review*，102（2），2012.

[162] Shleifer，A.，Vishny，R. W.，"Unstable Banking"，*Journal of Financial Economics*，97（3），2010.

[163] Sibert，A.，"A Systemic Risk Warning System"，Voxeu Org.，2010.

[164] Sinclair，P.，Sun，L.，"A DSGE Model for China's Monetary and Macroprudential Policies"，*MPRA Paper*，62580，2014.

[165] Suh，H.，"Evaluating Macroprudential Policy with Financial Friction DSGE Model"，Indiana University，2011.

[166] Sutt，A.，Korju，H.，Siibak，K.，"The Role of Macroprudential Policies in the Boom and Adjustment Phase of the Credit Cycle in Estonia"，*World Bank Working Paper*，2011.

[167] Tillmann，P.，"Estimating the Effects of Macro-prudential Policy Shocks：A Qual VAR Approach"，*Economics Letters*，135，2015.

[168] Tirole，J.，"Systemic Risk Regulation"，Barcelona Graduate School of Economics Lecture，2011.

[169] Trichet，J.，"Asset Price Bubbles and Monetary Policy"，Speech at the Mas Lecture，Monetary Authority of Singapore，2005.

［170］ Viral, V. A., "A Theory of Systemic Risk and Design of Prudential Bank Regulation", *Journal of Financial Stability*, 5 (3), 2009.

［171］ Volcker, P., Fraga, A., Padoa-Schioppa, T., "Financial Reform: A Framework for Financial Stability", Group of Thirty Report, 2008.

［172］ Wall, L. D., "Central Banking for Financial Stability: Some Lessons from the Recent Instability in the United States and Euro Area", *DBI Working Paper*, 379, 2012.

［173］ White, W., "Modern Macroeconomics is on the Wrong Track", *Finance and Development*, 46 (4), 2009.

［174］ Williams, J. C., "Macroprudential Policy in a Microprudential World", *FRBSF Economic Letter*, 18, 2015.

［175］ Wong, T. C., Fong, T., Li, K. F., Choi, H., "Loan-to-value Ratio as a Macroprudential Tool-Hong Kong's Experience and Cross-country Evidence", Systemic Risk, Basel Ⅲ, Financial Stability and Regulation, 2011.

［176］ Yellen, J. L., "Linkages Between Monetary and Regulatory Policy: Lessons from the Crisis", *FRBSF Economic Letter*, 2009 (36), 2009.

后　记

本书作为 2012 年国家社科基金青年项目"中国信贷周期及其宏观审慎监管研究"的成果节选就要付梓了。还记得课题申请之初，中国还处在宏观审慎监管的探索初期，无论是在理论界还是在实务界，宏观审慎监管仍为"新鲜"事物。令人欣慰的是，课题的研究过程伴随着中国宏观审慎监管政策框架的建立与日渐完善。如今宏观审慎监管政策在宏观调控体系中的地位逐步提升，政策工具箱也在不断丰富，这无疑在经济下行压力加大与金融风险暴露相互叠加的复杂局面下为政策制定者提供了一个强有力的"武器"。

本书内容是笔者与课题组成员多年来围绕宏观审慎监管政策不断钻研的心血，回顾研究过程，不乏艰辛与迷茫，但也充满了成就感。宏观审慎监管政策作为微观审慎监管政策的升华与补充，在对其理念精髓的理解上需要整理和阅读大量文献，需要解析与核心经济理论交织的辩证关系，需要应对数据缺乏的"巧妇难为无米之炊"的问题，需要运用经济学领域最复杂的实证模型，需要深入金融监管机构与实践。在一步步的攻坚克难中，课题组成员在宏观审慎监管政策的制度内涵、效果评价、工具创新、监管主体选择、与货币政策的协调等多个方面取得了丰硕的成果。截至 2016 年 10 月申请结项，课题组成员已公开发表论文 18 篇，其中 13 篇发表于 CSSCI 来源期刊，4 篇发表于 CSSCI 来源扩展版期刊。另外，在《数量经济技术经济研究》《国际金融研究》《经济学家》《吉林大学社会科学学报》等国家社科基金资助期刊上发表论文共 6 篇。值得一提的是，发表论文中 1 篇被《中国社会科学文摘》论点摘录，另 1 篇被人大报刊复印资料《金融与保险》全文转载，这在一定程度上体现了项目研究成果的学术价值和受认可程度。

本书的顺利完成得到了很多人的帮助。首先，最要感谢的是我的学生丁尚宇、张超磊、刘熙源、温艺阳、张鑫、朱祚樟、许玲、高瑾慧和罗俊成，他们聪明勤勉，任劳任怨，多年来跟随我在这一领域默默耕耘，不折不扣地执行研究计划，发挥着主动性和创造力，为本书的体系和内容不断添砖加瓦，本书的出版也是对他们刻苦研究的一个回报；其次，要感谢在学术道路上支持和帮助过我的老师与合作伙伴们，他们的勤奋专注、大力相助总是令我无比敬佩与感激；最后，要感谢我的太太和女儿，她们是照进我生命的阳光，时刻用温暖支撑着我，是我前进的动力和坚实后盾。

当然，本书一定还存在大量问题与不足，希望各位同人能提出宝贵意见，帮助我继续前行！

图书在版编目（CIP）数据

中国宏观审慎监管：工具评价与创新／于震著. --
北京：社会科学文献出版社，2019.5
ISBN 978 - 7 - 5201 - 4725 - 5

Ⅰ.①中…　Ⅱ.①于…　Ⅲ.①金融监管 – 研究 – 中国
Ⅳ.①F832.1

中国版本图书馆 CIP 数据核字（2019）第 075870 号

中国宏观审慎监管：工具评价与创新

著　　者／于　震

出 版 人／谢寿光
组稿编辑／高　雁
责任编辑／颜林柯

出　　版／社会科学文献出版社·经济与管理分社（010）59367226
　　　　　　地址：北京市北三环中路甲 29 号院华龙大厦　邮编：100029
　　　　　　网址：www. ssap. com. cn
发　　行／市场营销中心（010）59367081　59367083
印　　装／三河市龙林印务有限公司

规　　格／开　本：787mm × 1092mm　1/16
　　　　　　印　张：14　字　数：170 千字
版　　次／2019 年 5 月第 1 版　2019 年 5 月第 1 次印刷
书　　号／ISBN 978 - 7 - 5201 - 4725 - 5
定　　价／89.00 元

本书如有印装质量问题，请与读者服务中心（010 – 59367028）联系